Philipp Jaffé

Das Leben Kaiser Heinrichs des Vierten

e
  g v

Philipp Jaffé

Das Leben Kaiser Heinrichs des Vierten

1. Auflage 2011 | ISBN: 978-3-86382-243-9

Erscheinungsjahr: 2011

Erscheinungsort: Paderborn, Deutschland

Europäischer Geschichtsverlag, Paderborn. Alle Rechte beim Verlag. Europäischer Geschichtsverlag ist ein Imprint des Salzwasser Verlags, Paderborn.

Reprint des Originals von 1839.

Geſchichtſchr. d. deutſchen Vorzeit. 2. Geſammtausg. Bd. L.

Das Leben

Kaiſer Heinrichs des Vierten.

Nach der Ausgabe der Monumenta Germaniae

übersetzt von

Dr. Philipp Jaffé.

Zweite Auflage.

Neu bearbeitet von W. Wattenbach.

Preis: 80 Pfennig.

Leipzig,

Verlag der Dykſchen Buchhandlung.

1893.

Das

Leben Kaiser Heinrich des Vierten.

(Geschichtschreiber. XII. Jahrhundert. Zweiter Band.)

Die Geschichtschreiber

der

deutschen Vorzeit.

Zweite Gesammtausgabe.

Zwölftes Jahrhundert. Zweiter Band.

Leben Kaiser Heinrich des Vierten.

Zweite Auflage.

— ·—·—·—

Leipzig.

Verlag der Dyk'schen Buchhandlung.

Das Leben

Kaiser Heinrich des Vierten.

Nach der Ausgabe der Monumenta Germaniae

übersetzt von

Dr. Philipp Jaffé.

Zweite Auflage.

Neu bearbeitet von W. Wattenbach.

Leipzig,

Verlag der Dyk'schen Buchhandlung.

1893.

Vorrede.

Faft unmittelbar nach dem Tode Heinrich des Vierten hat ein enthusiastischer Anhänger desselben den gegenwärtigen Abriß seines Lebenslaufs entworfen, dem wir in Betracht der Form nicht viele Schöpfungen der geschichtlichen Litteratur unseres Mittelalters an die Seite zu setzen wüßten. Den hervorragenden Platz, welchen die Schrift einnimmt, begründet sowohl das ungemeine Geschick, mit dem die Hauptmomente der Regierungsgeschichte Heinrichs in gedrängten, wirkungsreichen Zügen hingestellt sind, wie der kunstvolle, an der Antike gebildete Vortrag, der lebendig, lichtvoll, beredt und selbst nicht ohne dichterische Erhebung die Begebenheiten so wie den sie begleitenden leidenschaftlichen Antheil des Erzählers zur Anschauung bringt.

Der litterarische Werth der Darstellung ist unschätzbar, ihr historischer hingegen unterliegt mehrfachen Begrenzungen.

Eine unbefangene Würdigung der behandelten Ereignisse und ihrer Triebfedern verschmäht zubörderst schon aufs Nachdrücklichste der politische Sinn des Schilderers, dessen ganzes Herz an den verstorbenen Kaiser gehängt ist; und die Frische seines eben erregten stürmischen Leids um den Verlornen konnte nur dahin wirken, das unzweideutige Gepräge seines Werks noch zu verschärfen. Dazu kommt, daß er überhaupt nicht sowohl eine Biographie als eine Trauerschrift, einen

Nekrolog im Plane hatte. Denn ausdrücklich hebt er hervor[1]: Es möge Keinen befremden, daß er der Betrübniß über den Tod des Kaisers auch die Erzählung heiterer Ereignisse seines Lebens beimische; er thue das nur nach Art der Trauernden, um durch mannigfache Erinnerungen an den Abgeschiedenen das eigne Leid zu erhöhen.

Es liegt nicht in der Weise solcher Gelegenheit = Skizze, das schwere Amt mühsamer Forschung sich aufzuerlegen und an starre Daten ängstlich sich zu fesseln. Ungezwungen hebt der Autor, wiewohl ihm einige Flugschriften seiner Zeit zur Hand gelegen haben mögen[2], die Gegenstände seines Versuchs zumeist aus lebendiger Erinnerung des theils von Anderen Ueberkommenen, theils Selbsterfahrenen. Daher die Ungenauigkeiten und Verstöße vornehmlich in den früheren Partieen. So verschmilzt sich ihm z. B. die Bleichfelder Schlacht vom 11. August 1086 mit der bei Melrichstadt vom 7. August 1078[3]. Den Gegenkönig Hermann läßt er 1088 Aufnahme finden bei einem Bischof gleichen Namens, der weder in Trier, wohin er ihn versetzt, regiert hat, noch in Metz, wo man ihn vermuthen sollte, damals zugegen sein konnte[4]. Begebnisse aus einer Breite von acht Jahren: die Wahl Victors III, 1086, den italienischen Feldzug von 1090 und die Rückkehr von Anfang 1094 zwingt er in die unwahre Verbindung einander bedingender Momente eines kurzen Unternehmens[5].

Selbst was hauptsächlich den formalen Vorzug der Leistung begründet, das kehrt sich schmälernd wider ihren historischen Gehalt. Der Verfasser beherrscht zu sehr die Künste der Rhetorik, um ihre Dienste da abzulehnen, wo sie dem schlichtern Wesen der Thatsache besser fern blieben. Die Reden namentlich, die er den handelnden Personen mit bald directen, bald

---

1) Kap. 1, S. 6. — 2) Siehe unten S. IX und S. 20, Anm. 2, S. 21, Anm. 2
3) Kap. 4, S. 15, Anm. 2. — 4) Kap. 4, S. 17, Anm. 1. — 5) Kap. 7, S. 25.

indirecten Worten auf die Zunge legt, sind nichts weniger als
berechtigt, die Zuverlässigkeit urkundlicher Aktenstücke zu theilen.
Wie er als glaubhafter Zuhörer bei jenen Einflüsterungen nicht
gelten kann, durch die Heinrich der Fünfte von den mitver=
schwornen Fürsten zur Empörung gegen seinen Vater verleitet
sein sollte[1], ebenso wird man auch die anderen mündlichen
Eröffnungen nicht buchstäblich hinnehmen dürfen, die er etwa
im März 1106 den Vater an den Sohn[2], oder den Sohn
an die Fürsten[3] machen läßt. Jene Meldungen tragen viel=
mehr die sprechenden Züge des Schriftstellers selbst, dessen
gegensätzliche Diction ihnen mit den anderen Theilen der Auf=
zeichnung gemeinsam ist.

Mit allen diesen Einschränkungen enthält gleichwohl das
aus dem lebendigen Bewußtsein und Gefühl jener Epoche her=
vortretende Document eine hohe Bedeutung für die Kenntniß
der Regierungsgeschichte Heinrich des Vierten im Allgemeinen,
und ins Besondere für die der letzten drei Jahre derselben.
Und wenn die Gesinnung, der es offen huldigt, mit vollem
Recht nach einer Seite hin Bedenken gebot, so wirft sie nach
der andern ein gleich sehr tröstliches wie unterrichtendes Licht
als Ausdruck beharrlichster und redlichster Hingebung inmitten
einer Zeit, die an Untreue, Meineid und Verrath ihres Glei=
chen sucht. Denn über das Grab hinaus bewahrte der
Schreiber seine Liebe dem Kaiser, den er „seinen Freund“
nennt, „seine Freude, seine Hoffnung und einzigen Trost“[4].
Er richtet an einen gleichgesinnten Parteigenossen die ebenso
treugemeinte wie kühne Herzensergießung in einem Zeitpunkt,
wo das eigne Parteibanner bereits unrettbar verloren und
„die Wahrheit schreiben gefährlich war“[5]. —

Man hat die Arbeit dem Bischof Otbert von Lüttich zu=

---

1) Kap. 9, S. 29. — 2) Kap. 11, S. 39. — 3) Kap. 13, S. 43.
4) Kap. 1. — 5) Kap. 1, S. 8.

geschrieben[1], bei welchem Heinrich in seinem letzten Unglück Zuflucht und Vertheidigung fand. Abgesehen von den nur im Ganzen für einen warmen Verehrer des Kaisers sprechenden Gründen, ward hierbei vorzüglich die Erzählung von den letzten Augenblicken Heinrichs und von seiner Beichte vor dem Ende[2] betont, die ganz einen Lütticher Augenzeugen verrathen und eigens auf Otbert hindeuten solle. In Wirklichkeit ist jedoch diese Partie so ausdrucksvoll keineswegs, um dergleichen Folgerungen zu rechtfertigen. Vergebens forscht man hier wie anderwärts nach einem Merkmal dafür, daß des Erzählers Auge von Lüttich aus die Vorfallenheiten auffaßt. Selbst die Ankunft des Kaisers in Lüttich[3], selbst seinen Tod[4], der eben dort eintrat, erfahren wir nur in der Form von Botschaften, die ins Lager Heinrich des Fünften gelangen. Zieht man überdies die rednerischen Verzierungen ab, mit welchen der Berichterstatter nirgends kargt, so bleibt nichts Wesentliches zurück, was nicht sonst mindestens ebensogut überliefert wäre. Denn daß Heinrich gebeichtet und das Abendmahl empfangen, weiß aus dem Munde von Umstehenden auch Ekkehard; ja er[5] und die Annalen von Hildesheim[6] sind selbst im Stande, die Wissenschaft unseres Historikers um die Schlußmomente des Kaisers entschieden zu erweitern.

Als psychologisches Moment soll für Otbert der Umstand gelten, daß seine Treue in unserer Historie keine rühmende Anerkennung finde, die ihr kein Anderer versagt haben würde,

---

[1] Zuerst geschah dies von Golbast (Apologiae pro imp. Henrico IV Hanoviae 1611).
[2] Kap. 13, S. 48. — [3] Kap. 11. S. 38. — [4] Kap. 13, S. 48.
[5] Ekk. 1106 (Mon. Germ. SS. VI, 238): Referunt, qui aderant, bona illum confessione nec sine magna fiducia finem vitae fecisse, rebusque suis per omnia dispositis, nunciis quoque tam ad apostolicum pontificem quam ad filium destinatis, sumpto viatico, velut obdormiens exspirasse.
[6] Annal. Hildesh. 1106 (Mon. SS. III, 111): mandavitque ei (filio), ut omnibus veniam daret et indulgeret, qui secum in angustiis suis permanerent, et rogans eum etiam, Spire iuxta parentes suos sepeliri.

als in löblicher Bescheidenheit eben Otbert selbst. Allein rührte das Werk von ihm her, das Lob seiner Selbstverleugnung wäre unverdient, da für das seiner Treue in der That gar reichlich gesorgt ist. Oder wie konnte sie höher gepriesen wer= den, als in den folgenden, dem Kaiser beigelegten Worten an seinen Sohn[1]: „An diesem Orte (in Lüttich) hat mich die Treue und Liebe des Bischofs aufgenommen, als Niemand vorhanden war, der meiner Gunstbezeigungen gedacht oder meiner Lage sich erbarmt hätte. Dir wahrlich steht es an, die Wohlthaten, die er mir erwiesen, mit königlicher Frei= gebigkeit zu belohnen; und um so sicherer dürftest du auf seine Treue zählen, je getreuer er offenbar gegen mich ge= handelt hat."

Weil Otbert eine Zeitlang beim Kaiser in Italien gelebt hat, bis ihm 1091 das Lüttischer Bisthum zu Theil ward[2], so wähnte man eine Stütze für seine Autorschaft im siebenten Kapitel zu gewahren, wo der Scribent bei der Mittheilung des gegen Heinrich in Rom verübten Mordversuchs seines eigenen dortigen Aufenthalts folgendermaßen gedenke[3]: „Wir dürfen einen Vorgang nicht verschweigen, welchen sowohl die Erzählung glaubwürdiger Personen nach Deutschland berichtet hat, als ihn auch Rom selbst bestätigt." Doch die Wen= dung: „Rom selbst bestätigt ihn" ist von einer Beziehung auf die persönlichen Römischen Erfahrungen des Verfassers weit entfernt. Sie deutet nach dem Römischen Cardinal Benno, dessen Flugschrift gegen Papst Gregor VII ihm jenes nicht übermäßig glaubliche Histörchen hergeliehen hat[4].

Wenn nun die zu Otbert's Gunsten gesammelten Zeugnisse sich unzuverlässig erwiesen haben, so sind die gegen ihn und

---

[1] Kap. 11, S. 40.
[2] Ruperti Chron. S. Laur. Leod. (Mon. SS. VIII, 277), Rodulfi Gesta abb. Trudon. (SS. X, 250).
[3] S. 23. — [4] S. S. 23, Anm. 2.

überhaupt gegen Lüttich als Geburtsstätte unseres Denkmals
sich darbietenden desto haltbarer.

Schon die Stellung, die Otbert in des Kaisers nächster
Umgebung eine Weile inne hatte, die so belangreich war, daß
er 1091 das Bisthum Lüttich davontrug, sicht über und über
seine Verfasserschaft an, da wie bemerkt[1], gerade die älteren
Zeiten, bis 1094 herab, in der Schrift Irrthümer und Ver-
wechselungen erfahren, die im geringsten nicht paßlich sind,
für einen den Ereignissen nahestehenden Darsteller das Urtheil
einzunehmen.

Dann wird die eilige Unterwerfung Otberts und seiner
kaiserlichen Kriegsgenossen nach Heinrichs Tode im dreizehnten
Kapitel[2] also gemeldet: „Nach dieser Wendung der Dinge,
als die Hoffnung derer, die wider die königliche Majestät den
Krieg unternommen hatten, gestorben war, sank ihr Muth und
ihre Kraft dahin und sie thaten, was in so mißlicher Lage
geboten war: Jeder eilte durch Unterwerfung, Strafzahlungen
und durch jegliches Mittel des Königs Verzeihung zu gewinnen"[3]. Allerdings könnte dies Otbert von sich geschrieben
haben, nur nicht in demselben unverzüglich darnach verfertigten
Werke, an dessen Eingang[4] der Autor nach einem ungestümen
Ausbruch seines Mißmuths den Freund mit diesen Worten
anredet: „Vielleicht aber, daß du die Ungeduld meines Schmerzes scheltest und mir rathest, das Wehklagen zu hemmen, damit es denen nicht zu Ohren komme, die Freude haben an des
Kaisers Tode. Allein ich kann mir nicht gebieten, das Leid

----

[1] S. oben S. VI. — [2] S. 49.

[3] Noch aus dem Jahre 1107 erzählte man von Otbert, wie er aus Furcht den
Gewaltsamkeiten des Königs, dem er sich unterworfen hatte, nicht entgegen zu treten
wagte. Rodulfi Gesta abb. Trudon. (Mon. SS. X. 264): Episcopus tunc noviter
imperatori (Heinrico V) reconciliatus fuerat, defuncto Leodii patre eius, cuius
partes contra filium adiuverat; quo timore non satis audebat, non (l. cum) tamen
eum decuisset, violentiae imperatoris contradicere.

[4] Kap. 1, S. 3.

zu verschmerzen, ich kann mich nicht enthalten, die Trauer zu äußern, mögen sie ihre Wuth schärfen wider mich und Glied für Glied mich zu zerreißen trachten. Der Schmerz kennt nicht die Furcht."

Die Beschreibung des Gefechts bei Bisé endlich schließt mit dieser Betrachtung[1]: „Dies Blutbad war um so verwerf= licher, weil es am Charfreitag stattfand; die Heiligkeit der Zeit vermehrte die Größe des Frevels." Man muß vor Augen halten, daß Otbert selbst bei diesem kaiserlichen Siege aufs Ernstlichste betheiligt war[2] und seine eigenen Leute den Zu= sammenstoß mit herbeigelockt haben, um nicht in der Meinung zu beharren, jene Betrachtung stamme von ihm her. Zudem wird weder er noch sonst ein Lütticher einen für diese Stadt so bedeutungsvollen und beinahe an ihren Thoren ausgefoch= tenen Kampf schon wenige Wochen später an ein irriges Datum geknüpft haben; denn die Einigkeit aller anderen Geschichts= quellen stellt es außer Zweifel, daß das Gefecht nicht am Charfreitag, dem 23. März 1106, sondern am Grünbonners= tage, dem 22., sich ereignet hat[3].

Aller Anschein spricht im Gegentheil dafür, daß der Schrift= steller in Mainz zu Hause war.

Hier hat, den Erzbischof Ruthard ungerechnet, Volk und Geistlichkeit beständig zum Kaiser gehalten. Schon 1077 tumultirten sie wider den Gegenkönig Rudolf an seinem Krö= nungstage. Noch 1099 war der Clerus in gutem Verkehr mit dem kaiserlichen Papste Clemens[4]. Aus einem uns erhaltenen Briefe[5] läßt sich erkennen, welch inniges Verhältniß um die

---

[1]) Kap. 12, S. 43. (Quod malum, ut scelestius esset, in ipsa die parasceuae contigit; crevitque magnitudo sceleris ex reverentia temporis.)

[2]) Kap. 13, S. 43, wo der Verfasser in Bezug auf diesen Kampf Heinrich den Fünften sagen läßt: „Als ich an die Maas gelangte, da hatten der Lütticher Bischof und Herzog Heinrich mir einen Hinterhalt gelegt" u. s. w.

[3]) S. 43, Anm. 2. — [4]) S. Reg. pont. Rom. n. 4013. (2. Ausg. 5339.)

[5]) Udalrici Babenb. cod. epist. n. 213.

Mitte des Jahres 1105 die Mainzer zum Kaiser hatten, und
es ist kein Geheimniß, daß seine Entsetzung (31. Dezember
1105) aus Furcht vor einer widerstrebenden Volkserhebung
von Mainz nach Ingelheim verlegt wurde[1].

Die Parteigesinnung des Autors trifft daher mit der in
Mainz herrschenden Richtung überein und seine Schrift ver=
sagt auch den dorthin bezüglichen Vorgängen diejenige Berück=
sichtigung nicht, deren Mangel bei einem dort heimischen Ver=
fasser mindestens auffällig wäre. Dem daselbst am 6. Januar
1103 ausgebrachten Landfrieden und seinen Wirkungen ist das
ganze achte Kapitel gewidmet; das zehnte vollständig der in
und um Mainz spielenden Katastrophe vom December 1105;
auch das dreizehnte berichtet, daß Heinrich V nach Ostern 1106
in die Stadt zurückgekehrt ist und welche Botschaft er an die
Fürsten von dort entsandt hat.

Doch das geradhin auf die Mainzer Abkunft weisende
Merkmal liegt im Eingangskapitel, wo der nachtheiligen Folgen
gedacht wird, die des Kaisers Tod herbeigeführt hat. Der
Autor betrauert die Gerechtigkeit, den Frieden, die Klöster, die
Armen u. s. w. Nur Einmal läßt er diese völlig allgemein
gehaltenen Klagen mit dem Ausruf[2]: „Wehe Mainz, welchen
Schmuck hast du eingebüßt, da dir bei Wiederherstellung deines
zerstörten Münsters ein solcher Künstler abhanden kam!“ Wen
anders als einen Mainzer konnte die Theilnahme an Mainz
und seinem Dome so ganz erfüllen, daß aus der Gesammtheit
der Angelegenheiten, die durch den Regentenwechsel zu leiden
hatten, ihm nur gerade diese eine Besonderheit der Erwähnung
würdig erschien? Aber nichts kann verrätherischer sein, als
der wehmüthig=nebenbuhlerische Hinblick auf die vollendete Herr=
lichkeit des Speierschen Doms, mit dem er dann also fortfährt:
„Wäre er am Leben geblieben, bis er den Bau deines Domes,

---

[1] Ekkehard. 1106. p. 232. — [2] S. 4.

ben er begonnen, hätte zu Ende führen können, dann freilich möchte dieser wetteifern mit jenem gepriesenen Münster von Speier!

Bei dem Versuche, in Mainz der Person des Verfassers weiter nachzuspüren, ließe sich wohl der Abt Dietrich von St. Albanskloster daselbst[1] in Erwägung ziehen, welcher im November 1105 als Botschafter des Kaisers nach Speier ging und Heinrich den Fünften beschwor, nicht so unerbittlich auf die Entthronung des Vaters loszugehen[2]. Auch die Lebhaftigkeit dürfte auf ihn passen, mit welcher der Schreiber sich der Pracht des Doms von Speier entsinnt, „die" wie er sagt, „zu glauben nur demjenigen schwer fallen mag, dem das Glück nicht gewährt ist, ihn zu betrachten"; ein Glück, das der Abt auf seiner Gesandtschaft jedenfalls gekostet hat.

Allein diese Anhaltspunkte erschienen mir dennoch keineswegs beträchtlich genug, um dem Abt Dietrich als Schöpfer unseres Schriftstücks Geltung zu verschaffen. Bei so lückenhafter Kenntniß jener Zeiten, wie uns zugemessen ist, würde es immer mißlich sein, aus einer dürftigen Anzahl von Gestalten, die überdies oft dem bloßen Namen nach, oft in den verschwindenden Resten unsicherer Lineamente uns entgegendämmern, mit Entschiedenheit Eine zu ergreifen. Um so mißlicher, je größer der Kreis gelehrter Männer gewesen ist, die während einer langen Regierung Heinrich der Vierte an seinem Hofe zu versammeln und in ehrenvollem Verkehr sich zu verpflichten gewohnt war[3].

Berlin, am 13. April 1858.   **Philipp Jaffé.**

---

1) Abt seit 1097. S. Annal. Wirzib. 1097 (Mon. SS. II, 246).

2) Annal. Hildesh. 1106: abbatem de sancto Albano nomine Theodericum Spire dirigit ad eum, obtestans eum per deum, ut recordaretur se patrem eius esse cet.

3) Ekkeh. 1106 (p. 239): More patris sui clericos et maxime litteratos adherere sibi voluit, hosque honorifice tractans, nunc psalmis nunc lectione vel collatione sive scripturarum ac liberalium artium inquisitione secum familiarius occupavit.

Diese Vorrede meines längst verstorbenen Freundes durfte nicht angetastet werden, da sie in der vielbesprochenen Streit= frage über die vorliegende Schrift und ihren Verfasser von erheblichem Gewicht gewesen und häufig berücksichtigt ist. Die am Schluß desselben ausgesprochene Vermuthung hat jedoch wenig Anklang gefunden. A. v. Druffel[1] hob hervor, daß Heinrich V als Sammelplatz der zum Feldzug am Rhein auf= gebotenen Truppen Würzburg nenne, was für Rheinländer nicht paßt, dem Verfasser also ein für die östlichen Lande be= stimmtes Exemplar bekannt geworden sei, daß Würzburg über= haupt öfter, als gerade nothwendig sei, genannt werde, und Giesebrecht[2] sprach die Vermuthung aus, daß Bischof Er= lung der Verfasser sein könne, worin ihm A. Busson gefolgt ist[3]. Auffallend wäre es freilich gerade bei ihm, wie auch A. Koch bemerkt, daß der Verlust von Würzburg an den Gegenkönig Hermann hier in Rudolfs Zeit verlegt wird. A. Koch[4] hat wiederum die Beziehungen auf Regensburg hervorgehoben, endlich aber E. Steindorff[5] Speier bevor= zugt, einen dortigen Kleriker als Verfasser angenommen, bei dem zuletzt auch Regensburger Einwirkungen vermuthet werden, was wiederum Gundlach lebhaft bekämpft.

Vielleicht berechtigen diese verschiedenen, scharfsinnig unter= stützten Vermuthungen zu dem Schlusse, daß die localen An= haltspunkte zu einem sicheren Ergebniß nicht ausreichen, daß der Verfasser, welcher doch dem Kaiser offenbar persönlich nahe gestanden hat, nicht an einem Orte haftete, sondern, wie er geistig ein großes Gebiet umfaßte, so auch verschiedene Gebiete

---

[1]) Kaiser Heinrich IV und seine Söhne, 1862.
[2]) Geschichte der deutschen Kaiserzeit (3. u. 4. Aufl.) III, 1051.
[3]) Mitth. des Instituts für österr. Gesch. III, S. 386—391.
[4]) Vita Heinrici IV kritisch gewürdigt (Jenenser Diff.), Fulda 1882.
[5]) Recension von Gundlachs Buch, Gött. Gel. Anz. 1885, S. 716—740.

des Reiches kennen gelernt hat, daß er, mit einem Wort, we=
nigstens zeitweise dem Hofe angehört habe.

Zu diesem Ergebniß ist auch W. Gundlach gekommen,
indem er ausging von der Beschäftigung mit einem Dictator[1]
(d. h. Concipienten) in Heinrichs IV Kanzlei, auf dessen Be=
deutung zuerst Breßlau aufmerksam gemacht hat. Von diesem
Beamten, welcher eine erhebliche Anzahl seiner Concepte auch
selbst in Reinschrift gebracht hat — eine Arbeit, welche man
in damaliger Zeit nicht als eine geringe oder niedrige betrach=
ten darf — sind uns noch 83 Urkunden und sechs im Namen
des Kaisers geschriebene Briefe erhalten. Seine Hand, sowie
die geistige Urheberschaft mit Sicherheit zu erkennen, ist nicht
schwer, da er sich durch viele Eigenthümlichkeiten auszeichnet,
und die sonst eintönigen Formeln in auffallender Weise zu be=
leben verstanden hat. Dabei hat er eine besondere Vorliebe
für Antithesen, und für die mehrfache Wiederholung von Wor=
ten und Begriffen in verschiedener Form. Einige Anzeichen
lassen vermuthen, daß er früher in Bremen gewesen, also viel=
leicht, wie Adam, dessen Werk ihm bekannt gewesen zu sein
scheint, vom Erzbischof Adalbert aus Obersachsen dorthin ge=
zogen wurde, und durch diesen an den Hof kam. Hier war
er in lebhafter Thätigkeit von 1071 bis 1084, aber von da bis
1102 nur ganz sporadisch, so daß anzunehmen ist, er habe ein
anderes Amt bekommen, das ihn doch nicht ganz aus der Ver=
bindung mit der Kanzlei brachte. Als solches nun erscheint
die Propstei zu Aachen, deren nahe Beziehung zur königlichen
Kanzlei Breßlau nachgewiesen hat, vielleicht ausgedrückt durch
die Bezeichnung capellarius, welche wir früher einmal in
Bremen, dann nur als Titel der Aachener Pröpste finden.

---

[1] Ein Dictator aus der Kanzlei Kaiser Heinrichs IV, Jnnsbr. 1884. Von dem=
selben als Entgegnung auf die Recensionen seiner Schrift: Wer ist der Verfasser des
Carmen de bello Saxonico? 1887.

Diese Propstei nun scheint 1084 durch die Erhebung Wezils zum Erzbischof von Mainz erledigt zu sein, und am 10. Februar 1099 erhält die Marienkirche zu Aachen eine königliche Schenkung ob servitium capellarii nostri Godescalci Aquensis ecclesiae praepositi. Diese Urkunde ist von dem oben erwähnten Dictator verfaßt und geschrieben, und diesen Gottschalk, der hiernach im Hofdienst thätig war, hält Gundlach für den gesuchten Beamten. Am 24. November, spätestens 1107, ist er gestorben.

Weitergehend nun findet sich eine unverkennbare Uebereinstimmung zwischen der Schreibart der Diplome und derjenigen der Vita Heinrici, z. B. die oben erwähnte Eigenthümlichkeit der Wiederholung von Worten gleicher Herkunft, auch in der Ueberfetzung leicht kenntlich S. 46. Auch die einzige im St. Emmeramskloster uns erhaltene Handschrift hält Gundlach, abgesehen von der Beihülfe eines zweiten Schreibers, für ein Autograph und sucht die Uebereinstimmung mit den Originaldiplomen nachzuweisen, so weit es der Unterschied der beiden Schriftgattungen erlaubt.

Daß endlich zwischen dem Gedicht über den Sachsenkrieg und dem Leben Heinrichs IV eine sehr große und auffallende Aehnlichkeit der Schreibart besteht, hat schon Waitz bemerkt und ist von Gundlach durch viele Beispiele erwiesen. Die oberdeutsche Form der Eigennamen (Purchard u. f. w.), welche Holder-Egger als genügenden Gegengrund gegen die Annahme gleicher Herkunft bezeichnet, sucht Gundlach durch die oberdeutsche Kanzleisprache zu erklären. So scheint also eine neue und sehr merkwürdige Persönlichkeit für die Litteraturgeschichte gewonnen zu sein.

Leider fehlt es jedoch dagegen auch nicht an Bedenken. Längst ist zur Genüge nachgewiesen worden, wie fehlerhaft und chronologisch falsch viele Angaben dieser kleinen Schrift find. Es ist nun freilich richtig, daß dergleichen auch in den Memoiren alternder Staatsmänner in oft erstaunlicher Weise vorkommt, aber es ist doch kaum glaublich, daß derselbe Mann, welcher in einem älteren Schriftstück Ekberts von Meißen Auf= lehnung und Ende vollkommen richtig dargestellt hat, hier in so schiefer und verkehrter Weise darüber berichtet haben sollte. Wenn ferner derselbe Mann, welcher einst den kühnen Absage= brief an Gregor VII geschrieben hatte, jetzt es für frevelhaften Uebermuth erklärt, daß Heinrich IV dessen Absetzung erstrebt habe (S. 20), so kann man sagen, der Verfasser habe hier eine kluge Rücksicht walten lassen: den Zorn des Königs konnte er als Prälat wohl ertragen, aber mit dem römischen Stuhl durfte er es doch nicht ganz verderben. Aus dem ganzen Werk aber und manchen einzelnen Aeußerungen gehe dennoch seine wahre Gesinnung deutlich genug hervor. Immerhin muß es befremden, daß die ganze Geschichte von der versuchten Absetzung Gregors und der Erhebung Wiberts so überaus dürftig und unrichtig behandelt ist, wenn der Verfasser einst selbst dabei thätig gewesen war.

Am bedenklichsten aber erscheint mir die Frage, wo denn damals der Propst sich befunden haben möge. In Aachen gewiß nicht, denn dahin begab sich Heinrich V, als er die Belagerung von Köln aufgehoben hatte; hier war der Irrthum ganz unmöglich, daß erst die Nachricht von des Vaters Tod den Aufbruch veranlaßt habe. Dazu kommt der oben (S. XIV) schon erwähnte Scrupel wegen der Nennung von Würzburg als Sammelpunkt. Bei dem alten Kaiser aber ist der Ver= fasser auch nicht gewesen; das beweist hinlänglich die Unge= nauigkeit der Nachrichten aus der letzten Zeit und der Mangel jeder Hinweisung auf persönliche Kunde.

Diese Bedenken führen wieder zu dem von Steindorff ausgesprochenen Zweifel, ob die in der That große und auf=

fallende Uebereinstimmung in stilistischen Eigenthümlichkeiten und in der Benutzung gleicher Stilmuster, wozu Steindorff auch noch die poetische, an Heinrich V gerichtete Klage des alten Kaisers aus einer Regensburger Handschrift heranzieht, zur Annahme desselben Verfassers berechtigt, oder ob nur eine gemeinsame Schule und Nachahmung vorauszusetzen sind.

Gewiß ist der Verfasser am erfolgreichsten gewesen in dem Bestreben, seine Persönlichkeit in sicherer Verborgenheit zu er= halten. Ebenso wenig kennen wir den Freund und Gesinnungs= genossen, an welchen die Schrift gerichtet ist; aber da das einzige Exemplar, wahrscheinlich das Original, im St. Emme= ramskloster in Regensburg sich erhalten hat, so haben wir dort auch den Adressaten mit großer Wahrscheinlichkeit zu suchen. Ziemlich sicher können wir deshalb auch behaupten, daß der Verfasser sich nicht dort befand. Er hätte ja sonst nicht nöthig gehabt, zu schreiben.

Ueberhaupt ist es wohl einzig in seiner Art, daß eine so sorgfältig ausgearbeitete Schrift verfaßt ist, um in der Ver= borgenheit zu bleiben. Bei dem zu jener Zeit vollständigen Siege der Gegner war die Verborgenheit, welche der Verfasser wünscht, wirklich nothwendig, und an eine Einwirkung auf die öffentliche Meinung gar nicht zu denken. Es muß also das warme Gefühl, welches den Verfasser antrieb, in der That ein sehr lebhaftes gewesen sein. Man hat nun schon längst wahrgenommen, daß der scheinbare Naturlaut der Klage in Wirklichkeit auf sorgfältigster Nachahmung und Benutzung alter Vorbilder beruht. Immer umfassender sind diese nachgewiesen worden[1], und auch in den Anmerkungen zu dieser Uebersetzung habe ich einige Nachweise aufgenommen, allein nur als Proben,

---

[1] Buffon in d. Mitth. d. Inst. III, 386 ff. Gundlach, Dictator, S. 172—189. Manitius im Neuen Archiv XI, S. 47—67. Eußner das. S. 197—201. Gundlach, Die Vita Heinrici und die Schriften des Sulpicius Severus, im Neuen Archiv XI, S. 289—309.

besonders schlagende und unverkennbare. Benutzt sind außer
dem nirgends fehlenden Leben des h. Martin von Sulpicius
Severus nebst den dazu gehörigen Briefen, und der lateini=
schen Bibel, Virgil, Lucan, Horaz, Ovid, Terenz, und vorzüg=
lich Sallust; von diesem hat namentlich Gußner nachgewiesen,
in welchem Grade er auch bei der eigentlichen Composition
als Vorbild benutzt ist.

Von anderen ebenfalls herangezogenen Schriftstellern ist
es mir zweifelhaft, und so auch von der Chronik des Sulpi=
cius Severus, deren Benutzung Gunblach nachzuweisen sucht.

Man kann unmöglich annehmen, daß der Verfasser von
Büchern umgeben gewesen sei, aus denen er seine Ausdrücke
zusammengesucht habe. Auch finden sich nur ausnahmsweise
wörtlich verwerthete Stellen, häufiger Anklänge vermischter
Herkunft. Man las nämlich damals, wie auch Gunblach rich=
tig bemerkt, in den Schulen eine beschränkte Anzahl alter Au=
toren, diese aber wurden großentheils auswendig gelernt und
bildeten, nebst der Vulgata, eine reichhaltige Vorrathskammer,
aus welcher nun nach Belieben und Bedarf geschöpft wurde.
Auch Spruchsammlungen, wie die von Othloh u. a., dienten
demselben Zweck. Um außerhalb dieses Kreises liegende Schrift=
steller heranzuziehen, müssen die Gründe schon sehr gewich=
tige sein.

Auch die Benutzung sachlicher Quellen hat man nachzu=
weisen gesucht[1]. Auf die Schmähschrift des Cardinal Beno
gegen Gregor VII hat er selbst deutlich hingewiesen (S. 23),
ohne jedoch seine abweichende Erzählung daraus zu schöpfen.
Auch die Schrift Walrams über die Einheit der Kirche wird
ihm nicht unbekannt geblieben sein. Aber übrigens scheint er
sich nur auf sein Gedächtniß verlassen zu haben. Benutzung

---

[1] Buffon, und Karl Horn: Beiträge zur Kritik der Vita Heinrici IV, Rostocker Dissertation.

schriftlicher annalistischer Quellen müßte seine Fehler noch viel schlimmer und unverzeihlicher erscheinen lassen. Hat er wirklich, wofür Busson erhebliche Anklänge anführt[1], die **Augsburger Annalen** gekannt, so hätten wir daran, da diese schwerlich sich weiter verbreitet hatten, einen ziemlich sicheren Beweis, daß er in Augsburg geschrieben haben müßte, was man auch dadurch begründen könnte, daß er Augsburg gar nicht nennt, denn er wollte ja verborgen bleiben.

Schließlich ist noch zu erwähnen, daß nach der Uebersetzung von Jaffé 1876 eine zweite Ausgabe des Textes von mir erschienen ist. In der Uebersetzung selbst ist mir hin und wieder eine Verbesserung nothwendig erschienen; übrigens ist sie von ausgezeichnetem Werthe und blieb deshalb fast unberührt.

Berlin, im October 1890.

W. Wattenbach.

---

[1] Mitth. des Instituts für österr. Gesch. IV, 542—544.

Das Leben Kaiser Heinrich des Vierten.

Das Leben Kaiser Heinrich des Vierten.

———

1. Wer möchte Wasser meinem Haupte leihen und einen Zährenquell meinen Augen[1], daß ich bejammere, nicht den Untergang einer bezwungenen Stadt[2], nicht die Gefangenschaft geringen Volkes, nicht den Verlust meiner Habe, sondern den Tod Heinrichs, des kaiserlichen Herrn, der meine Hoffnung war und alleiniger Trost, der — um von mir zu schweigen — mehr als das gewesen ist: der Stolz Roms, die Zierde des Reichs, die Leuchte der Welt. Wird künftighin das Leben mich ergötzen? Wird ein Tag, eine Stunde ohne Thränen sein? Oder werde ich mit Dir, o Trautester, frei von Klage seiner gedenken können?[3] Jetzt, indem ich aufschreibe, was des Grames Leidenschaft mir eingiebt, fallen Thränen nieder, benetzt vom Weinen sich die Schrift, und was die Hand ver= zeichnet, verlöscht das Auge.

Vielleicht aber wirst Du die Ungeduld meines Schmerzes schelten und mir rathen, das Wehklagen zu hemmen, damit es denen nicht zu Ohren komme, die Freude haben an des Kaisers Tode. Dein Rath ist gut; ich bekenne es. Allein ich kann mir nicht gebieten, das Leid zu verschmerzen, ich kann mich nicht enthalten, die Trauer zu äußern, mögen sie auch ihre Wuth schärfen wider mich, und mich Glied für Glied zu zer= reißen trachten. Der Schmerz kennt nicht Furcht, der Schmerz spürt die geübte Rache nicht.

---

1) Quis — oculis meis, aus Jerem. 9, 1.

²) Nach Virgils Aeneide 2, 643 (Gundlach). W.

³) Diese drei Fragen sind, wie Dümmler nachgewiesen hat, wörtlich dem Briefe des Sulpicius Severus an den Diaconus Aurelius über den Tod des h. Martin entlehnt, und Gundlach hat noch weitere Anklänge nachgewiesen. W.

Auch nicht alleine beklage ich seinen Tod; Rom beweint
ihn, das ganze römische Reich betrauert ihn, und außer den
lauernden Gegnern seiner Macht und seines Lebens bejammert
ihn gemeinsam Arm und Reich. Und nicht nur persönlichem
Grunde entspringt meine Betrübniß, mich drängt die Liebe zu
wehklagen über das allgemeine Mißgeschick. Denn als er schied,
verließ die Gerechtigkeit die Lande, floh der Friede, und an
den Platz der Treue schlich sich die Lüge ein. Der Chor
der Sänger, die den Höchsten preisen, ist verklungen, ver-
stummt die gottesdienstliche Feier, die Stimme des Frohlockens
und des Glückes ist nicht hörbar in den Zelten der Gerechten[1],
weil Er nicht vorhanden ist, der alles dies festlich begründet.
Die Münster haben ihren Schutzherrn, die Klöster ihren Vater
verloren: welche Gunst, welche Ehre er ihnen zu Theil werden
ließ, wird nun erst erkannt, da sie den Abgeschiedenen nicht
mehr haben. Sämmtliche Klöster sind daher in Wahrheit zur
Trauer veranlaßt, denn indem man ihn begrub, ist ihr Glanz
begraben worden.

Wehe Mainz! welchen Schmuck hast du eingebüßt, da dir
bei Wiederherstellung deines zerstörten[2] Münsters ein solcher
Künstler abhanden kam. Wäre er am Leben geblieben, bis er
den Bau deines Domes, den er begonnen[3], hätte zu Ende
führen können, dann freilich möchte dieser wetteifern mit jenem
gepriesenen Münster von Speier, das er von Grund auf[4] in
wundersamer Größe und mit bildender Kunst vollendet hat, so

---

[1] Worte des Psalmisten 118, 15 (Gundlach). W.

[2] Der Mainzer Dom war in der Woche vom 24. bis 30. Mai 1081 abgebrannt.
Marian. Scott. 1081 (Mon. Germ. SS. V, 562): intra octavas pentecosten.

[3] Der Wiederaufbau des Mainzer Doms hat mithin unzweifelhaft schon vor
1106 begonnen; so wie der Antheil Heinrich des Vierten an dem Neubau durch diese
Stelle erwiesen ist.

[4] Der Grundstein zum Speierer Dom war schon von Conrad II im Jahre 1030
gelegt. Daß Heinrich der Vierte den Bau vollendet hat, bekunden unter Anderen auch
Ekkehard 1106 (Mon. SS. VI, 239) und die Hildesheimer Annalen 1106 (SS. III, 111).

daß dieſes Bauwerk mehr als alle Werke der alten Könige
rühmenswerth und bewunderungswürdig iſt. Welche Aus=
zierung er überdies an Gold, Silber, koſtbaren Steinen und
ſeidenen Gewändern jenem Dome zugewendet, muß zu glauben
demjenigen ſchwer fallen, dem nicht das Glück gewährt iſt, ihn
zu betrachten.

Und ihr, o ihr Armen, habt vollends den mächtigſten An=
trieb zur Bekümmerniß; denn jetzt erſt ſeid ihr verarmt, da
ihr des Tröſters eurer Armuth verluſtig worden. Er hat euch
geſpeiſt, er mit eignen Händen gewaſchen, er eure Blöße ver=
hüllt. Nicht vor ſeiner Pforte, ſondern vor ſeinem Tiſche lag
Lazarus, und war nicht der Broſamen, ſondern königlicher
Leckereien gewärtig. Bei Tafel ſelbſt ſchauderte er nicht vor
dem Eiter nnd Geruch des Geſchwürigen, während der den
Tiſch bediente, vor dem Uebelriechenden die Naſe in Falten zog
oder verſtopfte. In ſeinem Schlafgemach lagen Blinde, Lahme
und allerhand Kranke, die er ſelbſt entſchuhete, niederlegte, bei
Nacht ſich erhebend bedeckte, ohne ſelbſt die Berührung deſſen
zu ſcheuen, den ſeine Krankheit zur Verunreinigung des Lagers
nöthigte. Auf der Reiſe zogen ihm die Armen vorauf, be=
gleiteten ihn und folgten nach; und wiewohl er ihre Pflege
ſeinen Vertrauteſten empfohlen hatte, er pflegte ſie dennoch
ſelber, als wären ſie _keinem empfohlen. Auch auf ſeinen
Höfen allenthalben hatte er Unterſtützungen für die Armen an=
geordnet und kümmerte ſich ſelbſt um ihre Anzahl und ihren
Tod, um ſowohl der Verſtorbenen zu gedenken, wie ihrer Er=
ſetzung durch Andere gewiß zu ſein. Wenn ein unergiebiges
Jahr Hungersnoth erwarten ließ, ſo übernahm er den Unter=
halt vieler Tauſende, wohl eingedenk der göttlichen Vorſchrift[1]:
„Machet euch Freunde mit dem ungerechten Mammon, auf
daß, wenn ihr nun darbet, ſie euch aufnehmen in die ewigen

---

[1] Lucas 16, 9.

Hütten." Wie tiefen Harm müssen die Bedürftigen empfinden, wenn sie gedenken, daß sie jene Wohlthaten, die wir aufgezählt, und viel mehr, als wir aufgezählt, genossen haben und nun nicht mehr genießen! Denn wer widmet ihnen jene liebreiche Wartung? Wer will wissen, wo ein Kranker lagert, welche Nahrung er verlangt? Wer befaßt sich noch mit jenen Werken der Barmherzigkeit an Armen, die Kaiser Heinrich geübt hat? O welch ein Mann, voll rühmlicher Frömmigkeit und Demuth. Er beherrschte die Welt, die Armen ihn; die Welt diente ihm, er den Armen[1].

Von dem mitleidsvollen Thun für die Armen, dem er überaus ergeben war, und das er vor den Menschen nicht verbergen konnte, haben wir zuerst gesprochen, nicht gemäß dem Werthe des Gethanen, sondern unseres Geistes Kraft gemäß — wer wüßte auch, was er allein vor Gott verrichtet hat! Jetzt wollen wir auch von den anderen Vorzügen, die ihn geziert haben, Einiges sagen; denn Alles zu sagen sind wir nicht im Stande. Möge es jedoch keinen befremden, wenn ich in der Betrübniß über seinen Tod auch seines Lebens heitere Thaten beimische; es pflegt der Trauernde, wenn er wehklagt über den abgeschiedenen Freund, sein ganzes vergangenes Leben, sein Thun und Lassen zu des eignen Leids Erhöhung emsig zu er= örtern. Gern schreibe ich von ihm, gern hänge ich dem Schmerze nach und beweine den Verblichenen, der, als er lebte, meine Freude war.

Bald ließ er den Kaiser blicken, bald nur den Ritter[2], und bekundete mit dem Einen die Würde die er trug, mit dem Andern seine Demuth. Er war von solchem Scharfsinn und so hoher Einsicht, daß, wenn die Fürsten bei einer Rechts=

---

[1] Die große Mildthätigkeit des Kaisers wird auch an andern Orten hervorgehoben und gerühmt, und läßt sich auch urkundlich nachweisen. W.

[2] Hierin scheint mit Manitius eine Beziehung auf Sallusts Catilina, Kap. 60, anzunehmen zu sein. W.

entscheidung oder in Staatsverhandlungen unentschlossen waren, er alsbald den Knoten löfte und, als hätte er aus den Geheimnissen der Weisheit selbst geschöpft, das Rechte und das Nützliche zu erkennen gab. Er merkte auf die Worte Anderer, sprach selber wenig und gab nicht voreilig seine Meinung ab, sondern erwartete die der Anderen. Hatte er sein scharfes Auge auf eines Menschen Antlitz geheftet, so durchdrang er die Regungen seines Innern und sah wie mit Luchsaugen[1], ob jener im Herzen Haß oder Liebe zu ihm trug. Auch das darf man rühmen, daß er im Gewühl der Fürsten über die Anderen hervorragend gleichsam über seine eigene Person empor zu wachsen schien und in seinen Zügen eine Furcht gebietende Hoheit zeigte, mit der er wie mit einem Blitze die Augen der Betrachtenden zurückscheuchte, während er unter seinen Hausgenossen und in engerem Kreise von sanfter Miene und an Gestalt den Anderen gleich gesehen ward.

Nicht allein die Fürsten seines Reichs fürchteten ihn, auch die Herrscher des Morgenlands und des Abendlands erschreckte sein Name so sehr, daß sie zinsbar wurden, ehe sie besiegt waren. Selbst der König von Griechenland hielt, seine Unruhe zu verbergen, um seine Freundschaft an, und in der Besorgniß, er könne sein Feind werden, kam er ihm, damit er es nicht würde, mit Geschenken zuvor. Dafür zeugt die goldene, wegen ihrer seltenen Kunst wie ihres Metallgewichts bewundernswürdige Altartafel zu Speier, welche der König von Griechenland, da ihm des Kaisers leidenschaftliche Neigung und Vorliebe für das Speiersche Münster zu Ohren kam, als eine edle Gabe überschickte, gleich würdig des Senders wie des Empfängers. Auch der König von Afrika, den die Macht des

---

[1] Linceis oculis nach Jaffé aus Boethius de consol. III, 8. Aber es war ein sprichwörtlicher Ausdruck, den er nicht von Boethius zu entlehnen brauchte, und der, wie Prof. Eußner bemerkt hat, auch bei Horaz, Sat. I, 2, 90 vorkommt, wenn auch an beiden Stellen jetzt Lyncei gelesen wird. W.

Kaisers in große Bestürzung versetzte, bereicherte ansehnlich seine Schatzkammer.

Die Bedrücker der Armen bedrückte er, die Räuber gab er der Beraubung preis, die Widerspenstigen und die sich wider seine Macht erhoben, schlug er derart, daß an ihren Nach= kommen noch heutzutage die Spuren königlicher Züchtigung zu sehen sind. Dies sollte ihm bei seinem Leben und dem Reiche in Zukunft ersprießlich sein, daß die Menschen lernten, den Frieden nicht zu verletzen, das Reich nicht mit Kriegesnoth zu bedrängen.

Hier möchte ich meine Rede abbrechen, denn zu Parteiungen ist sie gelangt, zu Ränken und Missethaten, davon die Wahr= heit schreiben gefährlich und lügen ein Verbrechen ist. Hier droht der Wolf und dort der Hund[1]. Was fange ich nun an? Soll ich sprechen. oder schweigen?[2] Die Hand beginnt und zögert, schreibt und widerstrebt, zeichnet auf und verlöscht; fast weiß ich nicht, was ich will. Doch ist es unrühmlich, die unternommene Sache unbeendet zu lassen, das Haupt zu malen ohne die Glieder. So will ich denn fortfahren wie ich an= gefangen, standhaft und unbekümmert; denn wie mir Deine Treue erprobt ist, so wirst auch Du keinem diese Schrift ent= decken, und, falls sie an die Oeffentlichkeit tritt, den Verfasser nicht verrathen.

1056   2. Als Kaiser Heinrich, von dem wir handeln, seinem Vater, dem ruhmreichsten Kaiser Heinrich dem Dritten, noch ein Knabe, in der Regierung folgte — denn während seiner frühen Kindheit starb[3] der Vater — da das Reich noch in altem Stande war, störten Kämpfe nicht den Frieden, unter= brachen Kriegssignale nicht die Ruhe, wüthete nicht der Raub,

---

1) Nach Horaz Satiren II, 2, 64.
2) Worte Virgils, Aeneide 3, 39; die folgenden aber sind, wie Gundlach nach= gewiesen hat, entnommen aus Ovids Metamorphosen 9, 523. W.
3) Naturae concessit, wie bei Sallust, Jugurtha, Kap. 14 (Manitius). W.

[3]) Naturae concessit, wie bei Salluft, Jugurtha, Kap. 14 (Manitius). W.

und die Treue berückte nicht; noch war die Gerechtigkeit ihrer
Stärke und die Macht ihres Rechtes sicher. Diesen beglückten
Zustand des Reichs hegte kräftig die durchlauchtigste Kaiserin
Agnes, eine Frau von männlichem Geist, die gemeinschaftlich
mit ihrem Sohne die Staatslenkung führte.

Doch weil das kindliche Lebensalter zu wenig Scheu ein=
flößt und mit erschlaffender Furcht die Kühnheit wächst, so er=
füllten die jungen Jahre des Königs Viele mit frevelhaftem
Geiste. Ein Jeder strebte sich dem Mächtigern gleich oder
selbst über ihn zu stellen, Viele steigerten ihre Gewalt durch
Verbrechen, und das Recht, das unter einem königlichen Kinde
geringes Ansehen hatte, verlor seine Schrecken. Um dann in
allen Stücken desto ungebundener zu sein, raubte man vor 1062.
Allem den Knaben seiner Mutter, deren gereifte Weisheit und
ernste Sitten man scheuete, mit dem Vorgeben, es zieme sich
nicht, daß das Reich von einer Frau verwaltet werde, obschon
man doch von vielen Königinnen liest, daß sie Länder mit
männlicher Weisheit regiert haben. Nachdem aber der junge
König, vom mütterlichen Schooße gerissen, zur Erziehung in die
Gewalt der Fürsten gekommen war, da that er wie ein Knabe
was sie ihn hießen; er erhob, wen sie wollten, er entsetzte, wen
sie wollten, und mit Recht kann man sagen, daß sie nicht so=
wohl seine Diener, als seine Herren waren. Verhandelten sie
die Reichsangelegenheiten, so bedachten sie weniger des Reiches
als ihre Sache, und in Allem was sie thaten, war ihr Haupt=
augenmerk der eigne Vortheil. Die schlimmste Schelmerei aber
lag wohl darin, daß sie ihm, den sie gleichsam wie unter einem
Siegel zu hüten hatten, in jugendlichen Handlungen seinen
Willen ließen, um ihm auch mit diesem Mittel zu entlocken,
was sie wünschten.

Wie er indeß zu der Alters= und Geistesstufe sich entwickelt
hatte, daß er unterscheiden konnte, was ehrenwerth,

— — was schimpflich, was nützlich sei und was unnütz[1], und sich vergegenwärtigte, was er auf Betrieb der Fürsten ge= than hatte, verwarf er vieles Geschehene, und was davon sich ändern ließ, das änderte er, ein Richter seiner selbst. Er unter= brückte auch die Fehden, Gewalt und Räubereien; beeiferte sich, den verjagten Frieden und die Gerechtigkeit zurückzurufen, die mißachteten Gesetze wieder aufzurichten und das fessellose Ver= brechen zu hemmen. Die beharrlichen Uebelthäter, die mit einer Verordnung sich nicht bändigen ließen, brachte er milder als ihre Schuld es verdiente, durch Gesetzesstrenge und Rechts= spruch zur Ordnung.

Das nannten aber jene nicht Gerechtigkeit, sondern Un= recht; und unwillig über die Schranken des Gesetzes, das sie niedergeworfen hatte, über die angelegten Zügel, sie, die sich in alle Frevel stürzten[2], schmiedeten sie Pläne, ihn entweder zu vernichten, oder des Thrones zu entsetzen, nicht beherzigend, daß sie ihren Mitbürgern den Frieden, dem Reiche Gerechtig= keit, dem Könige Treue schuldig waren.

1073   3. Die Sachsen, jener harte, kriegsrauhe, so kampflustige wie verwegene Volksstamm, warfen sich, ihr rasendes Beginnen sich zum rühmlichen Verdienste anrechnend, auf einmal feind= lich über den König her. Er erkannte die Gefährlichkeit eines Kampfes weniger wider eine unzählige Kriegsmacht, achtete 1074 sein Leben höher als ein Lob, seine Rettung höher als ein Aug. 8. Wagniß, und flüchtete mit genauer Noth. Als daher die Unternehmung so wenig ihren Wünschen entsprochen hatte, rissen sie — welch unmenschlicher Sinn, welch schmachvolle Rache! — die Gebeine des Sohnes des Königs (denn dieser war damals noch nicht Kaiser geworden) aus seinem Grabe. Entrüstet über diese zwiefache Unbill, rückte der König mit

---

1) Aus Horaz, Episteln I, 2, 3.
2) Worte Lucans 5, 312 (Gundlach). W.

einem Heere gegen jenen Stamm, kämpfte und siegte. Doch 1075
siegte er zwar über die Kriegsmacht, die sie ihm entgegen- Juni 19.
stellten, aber nicht über den empörten Trotz. Denn obwohl
er sie in der Schlacht überwand, die Ueberwundenen zur
Flucht nöthigte, die Flüchtigen verfolgte, obwohl er ihre Besitzungen verheerte, ihre Besten brach, und als Sieger nach Belieben schaltete, so waren sie dennoch zur Unterwerfung nicht
zu bewegen.

Er zog von bannen, ergänzte rasch sein Heer, und griff sie
zum zweiten Male an. Im Mißtrauen auf ihre durch den
früheren Krieg aufs Tiefste zerrüttete Macht, erfaßten sie nun
was der Rettung am nächsten lag. Sie unterwarfen sich mit Ott. 25.
der Hoffnung, der König werde, sich mit der bloßen Unterwerfung begnügend, ihnen willig Verzeihung gewähren. Es
kam jedoch ganz anders, als sie wähnten. Der König sprach
die Verbannung über sie aus und schickte sie nach anderen Gebieten, wo sie, in strenger Haft gehalten, das Gebot der Frei-
lassung erwarten sollten.

Aus dieser Verbannung entkam ein Theil durch die Flucht,
ein anderer ward um Geld von seinen Hütern in Freiheit gesetzt; und als sie Vaterland und Wohnsitz wieder erreicht
hatten, verpflichteten sie in erneueter Verschwörung sich gegen- 1076
seitig, eher zum Tode bereit zu sein, als sich wiederum zur
Unterwerfung zwingen zu lassen. Ihr Bund griff auch weiter
um sich; denn von den Longobarden, Franken, Baiern und
Schwaben, schlossen sich Manche an sie unter gegenseitiger
Verpflichtung, den König von allen Seiten mit Krieg anzufallen.

Sie erfuhren jedoch, daß der König durch kriegerische An-
griffe gereizt, aber nicht niedergeworfen, daß er geplagt, aber
nicht überwältigt werden konnte; denn noch war seine Kraft
unbezwinglich. Um daher seine Macht zu schwächen, wurden

ihm so boshafte und unsaubere Schandthaten angedichtet und
niedergeschrieben, wie sie nur Haß und Scheelsucht zu ersinnen
vermochten, und die mich beim Schreiben, Dich beim Lesen
anwidern würden, wollte ich ihrer Erwähnung thun. Man
mischte Wahres und Falsches durcheinander und verklagte ihn
beim römischen Pontifex Gregor: es sei unangemessen, daß ein
so ehrloser, mehr nach seinem Frevel als Namen bekannter
Mann die Regierung besäße, vollends da ihm Rom nicht die
königliche Würde übertragen habe; es müsse Rom sein Recht,
die Könige einzusetzen, wiedererhalten; der Papst und Rom
möchten nach Fürstenrath für einen König sorgen, dessen Wandel
und Weisheit so hoher Würde entsprächen.

Durch solche Kriecherei bethört, und zugleich eingenommen
1076 von der Ehre, den König zu ernennen, die sie ihm listiger
Febr. 22. Weise angetragen hatten, verhängte der Papst den Bann über
den König, und schärfte den Bischöfen wie den andern Fürsten
des Reiches ein, der Gemeinschaft mit dem excommunicirten
Könige sich zu entziehen: er werde eilends nach Deutschland
kommen, wo über kirchliche Angelegenheiten und hauptsächlich
über die Regierung verhandelt werden solle. Er ging noch
weiter: er sprach Alle von dem Eide los, mit dem sie dem
Könige Treue geschworen hatten, damit wen die Pflicht der
Treue fesselte, der durch die Lossprechung gegen ihn getrieben
würde. Diese Maßregel hat vielen mißfallen, wofern päpst-
liche Handlungen mißfällig sein dürfen; und sie erklärten, das
Geschehene sei so wirkungslos wie unberechtigt geschehen. Doch
wage ich nicht, ihre Ausführungen zu wiederholen, um nicht
den Schein auf mich zu laden, als ob ich mit ihnen die That
des Papstes bekämpfte.

Die meisten Bischöfe, die zum Theil Zuneigung, zum Theil
Furcht zur Partei des Kaisers geleitet hatte, geriethen bald in
Besorgniß um ihr Amt und entzogen ihm ihren Beistand.

Daſſelbe that die Mehrzahl der Großen.   Jetzt ſah ſich der König in bedrängter Lage und faßte einen ebenſo verborgenen wie klugen Entſchluß.   Jählings und unvermuthet begab er ſich auf den Weg dem Papſt entgegen, und erreichte durch dieſe eine Handlung zweierlei: er erhielt die Zurücknahme des ¹⁰⁷⁷ Bannes und hinderte durch ſein perſönliches Eingreifen die be= Jan. 27. denkliche Zuſammenkunft des Papſtes mit ſeinen Gegnern.   Auf die ihm ſchuldgegebenen Vergehen ließ er ſich wenig ein, und führte aus, daß er gegen die Bezichtigung ſeiner Feinde, ſelbſt wenn ſie gegründet wäre, ſich nicht zu vertheidigen brauche.¹

Was hat die Bemühung euch gefruchtet, ihn in den Bann zu bringen, da er deſſen entledigt, ſeine Macht mit Nachdruck gebrauchte?   Was hat es euch genützt, erlogene Gräuel ihm aufzubürden, da er eure Anſchwärzung mit leichter Antwort wie der Wind den Staub, zerſtreut hat?   Doch welche Hirn= zerrüttung hat euch bewaffnet wider euren König und den Herrn des Erdrunds?   Nichts vermag, nichts erreicht eure arge Verſchwörung.   Wen Gottes Hand auf den Thron geſetzt, den wird eure nicht verſtoßen.   Wo blieb die Treue, die ihr ihm geſchworen?   Warum habt ihr die Gnaden vergeſſen, die er mit königlicher Freigebigkeit an euch verſchwendet hat? — Noch jetzt möget ihr weiſem Rathe, nicht eurem blinden Eifer folgen.   Fühlet Reue über euer Beginnen, daß nicht ein Stär= terer über euch komme², euch bezwinge und mit Füßen trete und mit einer Züchtigung euch treffe, die kommenden Jahr= hunderten zeige, was eine königliche Hand vermag.   Mindeſtens ihr, o Biſchöfe, ſehet zu, daß ihr vom rechten Pfade nicht verloren geht, ſehet zu, daß ihr nicht die gelobte Treue brechet; denn was widrigenfalls eurer wartet, wiſſet ihr ſelbſt.

---

¹) Das bezieht ſich, wie Gundlach gezeigt, hat auf eine kanoniſche Beſtimmung, daß ſchriftliche Anklagen offenbarer Feinde nicht zu berückſichtigen ſeien. W.
²) Worte aus dem Evang. Luc. 11, 22 (Gundlach). W.

1077   4. Nachdem der König also den Segen an Stelle des
Fluches empfangen, kehrte er vom Papste zurück und fand den

März 15. Herzog Rudolf[1] als Gegenkönig aufgestellt, der jedoch auf die
Meldung seiner Heimkunft nach Sachsen entwich, behender zur
Flucht als zum Streit, aus dem Felde gedrängt ohne noch be=
siegt zu sein. Es ist wohl leicht ein Königthum annehmen,
aber schwer es zu behaupten. Doch darf es nicht wundern,
daß jetzt ein kriegskundiger und tüchtiger Mann zurückwich;
denn die bessere und obsiegende Sache treibt nicht selten tapfere
Männer in Furcht und Flucht.

O über die Habgier, jene böseste Pest, welche die guten
Sitten umkehrt und die Tugenden selbst in Laster verwandelt.
Dieser Rudolf, ein erlauchter Herzog, ein Mann von hohem
Ansehen und Namen im ganzen Reich, treu der Wahrheit und
dem Rechten, ein tapferer Kriegsmann, ausgestattet mit allen
Vollkommenheiten, ward von der Alles bezwingenden Habgier
bezwungen, und ein Nachsteller seines Herrn geworden, setzte
er die Treue einer ungewissen Ehre nach. Indessen wurde
auch behauptet, er sei vom Papste angestiftet worden[2], und er,
ein Mann von solcher Trefflichkeit, hätte niemals der Hab=
gier, sondern vielmehr der Ueberredung nachgegeben; und als
Beweis dafür machten sie den Umstand geltend, daß nach der
Freisprechung des Königs, als Rudolf sich die Regierung an=
maßte, der Papst geschwiegen habe — denn wie jener Lust=
spieldichter[3] meine: „Wer schweigt, der stimmt genugsam bei".

Während nun Rudolf das Feld räumte, dessen Haupt, wäre
er ergriffen worden, das strafende Schwert nach Gebühr ge=
troffen hätte, brach der König in Baiern und Schwaben ein,
verheerte die Besitzungen der Verschworenen und warf ihre

---

1) Von Schwaben.
2) Sehr deutlicher Anklang an Sallusts Catilina 48: Alii Tarquinium a Cice-
rone immissum ajebant (Gundlach). W.
3) Terenz, Eun. III, 2, 23.

Burgen nieder, ohne jedoch eine Vergeltung zu üben, die der
Größe ihres Vergehens entsprach. Denn er mußte rächend sich
im Zaum zu halten, und weit vom Ziel der Schuld zog er
der Ahndung Zügel an.

Rudolf aber, um die schimpfliche Flucht durch eine muthige
That zu sühnen, schloß Würzburg ein, woselbst jedoch mehr
mit Hinterlist als mit Tapferkeit gefochten wurde. Denn als
der König, den Gegner zu verjagen, Streitkräfte versammelt
hatte, und nach Aufstellung des beiderseitigen Kriegsvolks die
Vordersten handgemein wurden, da wandten einige Berittene
auf königlicher Seite, die durch Bestechung erkauft waren und
wie getreue Diener sich in die Nähe des Königs gedrängt
hatten, unversehens ihre Waffen gegen ihn selbst; doch brachten
sie seinem erzbewehrten Leibe nur einen Flecken, aber keine
Wunde bei. Die Nichtswürdigen! welche das Geld zugleich
zum Verbrechen und zum Tode führte, die am nämlichen Ort
Schandthat und Vergeltung ergriff; denn von so vielen rächen=
den Armen wurden sie in Stücke gehauen, daß an ihren Lei=
chen die menschliche Form verschwand. Darauf entstand Be=
wegung und Schreien und es verbreitete sich das Gerücht, daß
der König getödtet sei. Im Schrecken hierüber wich das Heer,
der Feind drängte nach, und während die Berittenen bis auf
wenige durch ihre Pferde gerettet wurden, traf nur die Fuß=
gänger ein klägliches Verhängniß[1]. Der Sieg gab daher, je
frevelhafter er gewonnen war, um so weniger Anspruch auf
Ruhm. Der Feind nahm die Stadt, warf eine Besatzung
hinein und zog sich nach Sachsen zurück[2].

Was half dir, Arger, das allgemeine Tödten des fliehen=
den Volkes, oder die gelungene Eroberung der Stadt? Die

---

[1] Worte Lucans IV, 769 (Gundlach). W.
[2] Der Verf. verwechselt hier die Schlacht bei Melrichstadt am 7. Aug. 1078 mit
der bei Bleichfeld gegen den Gegenkönig Hermann am 11. August 1086, nach welcher
Würzburg auf kurze Zeit in die Gewalt der Gegner Heinrichs gerieth.

Stadt hast du nicht lange, das Reich hast du niemals besessen. In kurzem kehrte der König mit Heeresmacht zurück und nahm die verlorene Stadt wieder ein; denn diejenigen hatten sich geflüchtet, denen die Vertheidigung des Ortes anvertraut worden war. Darauf führte er zu wiederholten Malen seine Streitmassen nach Sachsen, und ging bald als Sieger, bald ohne Entscheidung zurück. Endlich jedoch errang er einen ebenso erzählenswerthen, wie erfolgreichen Sieg[1]; und der Welt ward eine gewichtige Lehre gegeben, daß niemand gegen seinen Herrn sich erheben solle. Denn die abgehauene Rechte Rudolfs veranschaulichte die angemessenste Strafe des Meineids, da er keine Scheu empfunden hatte, die seinem königlichen Herrn zugeschworene Treue zu brechen; und als hätten die anderen Wunden nicht hingereicht, ihn zu tödten[2], so trat auch der Verlust dieses Körpertheils hinzu, damit im Verlust auch sein Vergehen erkannt würde. Von diesem Siege ist noch Eins zu erwähnen: daß nämlich sowohl der siegende wie der besiegte Theil geflohen ist. So mochte es wohl die göttliche Barmherzigkeit von oben herab gefügt haben, damit nach dem Untergang des Hauptführers, durch die beiderseitige Flucht der Gräuel beiderseitigen Mordens vermieden würde.

Allein das störrische Volk ward weder durch den Unfall, noch durch seine Bedeutung eines Bessern belehrt. Vielmehr suchten sie mit Halsstarrigkeit zu erringen, was ihnen durch den Kampf nicht geglückt war. Sie machten sich einen neuen König Hermann[3], der ebenfalls auf seltsame Weise ums Leben gekommen ist. Als die Sachsen nämlich, deren Mißfallen er, gleichgültig wodurch, erregt hatte, ihn aus ihrem Lande trieben, führte er, in seiner Heimath angelangt, den leeren Königstitel

(Marginalien:) 1080 Okt. 15. — 1081 August — 1088

---

1) An der Elster, am 15. Oktober 1080.
2) Rudolf starb am 16. Oktober, einen Tag nach der Schlacht.
3) Von Luxemburg.

und verfügte sich zu Bischof Hermann von Trier[1], den gleicher= 1088
maßen die unbezwingbare Stärke seiner Burgen vermocht hatte,
sich dem Wagniß einer Empörung wider den König anzu=
schließen. Welch' erstaunliche Königsmacht war das, sich nicht
aus eigenem, sondern aus fremdem Säckel beköstigen zu lassen!
Einmal befand er sich unterwegs und hatte den possenhaften
Einfall, eine Burg, die das Ziel ihres Weges war, mit feind=
licher Miene anzugreifen, um zu erproben, welcher Muth und
welche Tapferkeit die Vertheidiger beseele. Wundersam und
unerwartet ist oft der Weg, den das Geschick ergreift, um sich
zu erfüllen! Wie sie nun durch das unverriegelt und unbe=
wacht gefundene Thor hineinstürmten und von der Besatzung
ein Theil zu den Waffen griff und sich ihnen mannhaft ent=
gegenwarf, ein anderer Theil entmuthigt nach Verstecken suchte,
da warf ein Weib, wohl an Geschlecht, aber nicht an Sinne
weiblich, die auf den Thurm entwichen war, einen Mühlstein
auf das Haupt des Königs herab. So fiel er, auf daß sein Sept. 28.
Tod um so schmählicher sei, durch Weibes Hand. Indessen
hat man, um diesen Schimpf zu verdecken, die That des Weibes
geflissentlich auf eine männliche Person übertragen[2].

5. Nach diesem Ausgang der Könige hat man geraume
Zeit mit der Erhebung anderer gezögert. Das Loos der bis=
herigen war ein Schreckbild für den Nachfolger. Zuletzt aber
behielt Selbstsucht die Oberhand und stachelte mächtig den
Markgrafen Ekbert[3] an, das Reich zu gewinnen. Zu spät er=
kannte er im Sterben, daß das schlimme Glück des Einen den
Andern warnen solle.

---

[1] In Trier saß Erzbischof Egilbert von 1078 bis 1101. Der Verf. hat vielleicht
den Bischof Hermann von Metz gemeint; und auch das mit Unrecht. Dieser war seit
langer Zeit vertrieben, und ist erst 1089, also nach dem Tode des Gegenkönigs Her=
mann, nach Metz zurückgekehrt.

[2] Diese Erzählung erinnert, wie Buffon bemerkt hat, sehr an Abimelechs Tod
im Buche der Richter 9, 50 ff. Wie weit sie begründet ist, wissen wir nicht. W.

[3] Von Meißen.

Es war eine Stadt in Sachsen[1], die, weil sie die Sache
des Königs in gesegneter Entwickelung sah, sich zu seiner Partei
bekehrt hatte, im Vertrauen sowohl auf die Festigkeit des Or=
tes, wie auf den königlichen Beistand. Die sächsischen Großen
nahmen das übel und belagerten die Stadt. Markgraf Ekbert
aber, erfüllt von der Hoffnung die Regierung zu erhalten, und
bestrebt dem ersehnten Ziele näher zu kommen, zog mit einer
1090 größeren Streitmacht als alle Anderen[2], zu jener Belagerung,
und folgte den voraufgeschickten Truppen mit wenigen Beglei=
Juli 3. tern selber nach. Er hatte von der Heerstraße abgelenkt, um
nicht etwa in feindliche Hände zu gerathen; denn keiner ist
so mächtig, daß er der Widersacher entbehrte, und nicht feind=
selige Nachstellungen zu fürchten hätte. Ein versteckter Pfad
leitete ihn durch ein Gehölz. Wie geheimnißvoll, Gott, sind
Deine Gerichte; in wie wunderbarer Folge verbirgst Du, was
Du thun willst, und enthüllest, was Du verborgen hast! Die
Glut der Mittagssonne brannte auf Roß und Reiter, und die
Schwüle regte, wie es zu geschehen pflegt, den Durst an.
Ueberdies beschlich die Ermüdeten so große Schläfrigkeit, daß
sie die schlummerträgen Hälse neigten[3] und die Pferde mit
schlaffen Zügeln frei ihres Weges zogen. Nicht fern erblickten
sie in Waldeinsamkeit eine alleinstehende Mühle[4]. Hier kehrten
sie ein und überließen sich dem Schlafe, nachdem sie den Müller
entsandt hatten, damit er ihnen, den Durst zu stillen, einen
Trunk aus dem Dorfe holte. Dieser beeilte sich mit dem
Schlauch auf den Schultern, als ihm einige zur erwähnten
Belagerung ziehende Schildknappen begegneten, die im Stillen

---

[1] Damit ist vielleicht Quedlinburg gemeint, wo Ekbert 1088 die Abtissin Adelheid,
des Königs Schwester, belagerte. Die hier angegebene Verknüpfung aber ist unrichtig. W.

[2] Diese Darstellung ist unrichtig, denn Ekbert stand damals in Sachsen fast ganz
isolirt.

[3] Die nicht gewöhnlichen Ausdrücke hat Gundlach bei Lucan 3, 8, Virgil Ecl.
5, 46, Aen. 9, 331 nachgewiesen. W.

[4] Nach den Erfurter Annalen lag sie im Selkethal. W.

Freunde des Königs waren, obwohl sie zur Gegenpartei zähl= 1090
ten. Von ihnen gefragt, woher er komme, wohin er gehe,
weshalb er sich so außer Athem laufe, nannte er, da er keinen
Grund hatte, zu verheimlichen, was er wußte, ihnen seinen
Gast und den Zweck seines Weges. Betroffen, war's vor
Schrecken oder vielmehr vor Freude, überlegten sie, was zu
thun sei: wie gefährlich, und andererseits wie lohnend, wie
wacker, rühmlich und pflichtgetreu es wäre, einen so bedeuten=
den Gegner des Königs zu erlegen; die Gelegenheit sollte sich
nicht vergebens dargeboten haben; die größte Tapferkeit be=
währe sich in den größten Gefahren. So feuerten sie gegen=
seitig ihren Muth an und eilten spornstreichs nach der Mühle;
ihre Wünsche eilten den Pferden noch voran. Es setzte einen
Kampf, der lange Zeit hartnäckig und zweifelhaft war; denn
die Parteien waren sich an Beherztheit und Anzahl gleich, und
wie die Einen des Ruhmes wegen, so stritten die Anderen um
ihr Leben. Doch das Glück des Königs siegte und sein wil=
dester Feind lag darnieder, nicht im Felde, sondern schimpflich
in einer Mühle getödtet. Allzu glücklich und stets vielgenannt
bist du Mühle; die du nicht durch dein bewegliches Geschäft,
sondern durch deinen Ruhm die Menschen hinlockst, und ihnen
klappernd jenen Streit erzählst und erzählend klapperst. — Mit
Niedergeschlagenheit gaben die vereinigten Fürsten ihr Kriegsunter=
nehmen auf und zogen unverrichteter Dinge sich von der Belagerung
zurück. So nahm des Königs Sache tagtäglich einen immer höhern
und glücklichern Aufschwung, die der Gegner aber ging abwärts
und all ihr Beginnen schloß mit einem üblen Ausgang.

6. Wie sie nun merkten, daß sie weder mit Kriegsthaten
noch mit Königswahlen Glück hatten, so griffen sie wieder zur
Waffe der Verläsierungen[1]. Außer vielen anderen fluchwür=

---

1) Die chronologische Anordnung ist hier ganz falsch, selbst Rudolf war damals
noch nicht gefallen. W.

bigen Handlungen legten sie ihm bei dem Papste Folgendes
zur Last: Jene allerchristlichsten Könige, die sie selbst nicht ohne
Willen des Papstes gewählt hätten, seien von ihm, dem wegen
seiner Unthaten entsetzten Könige, getödtet worden; unter Blut=
vergießen habe er die Regierung sich angemaßt; er habe alles
mit Feuer, Raub und Schwert verwüstet und seine Gewalt=
herrschaft gegen Kirche und Reich auf jegliche Weise geltend
gemacht. Auf ihre Anklage that ihn der Papst, wie sie selbst
sich rühmten, zum zweiten Male in den Bann.

1080
März 7.

Dieser Bann hatte jedoch kein großes Gewicht, weil man
gewahrte, daß er nicht aus Vernunft, sondern aus Willkür,
nicht aus Liebe, sondern aus Haß erwachsen war. Indem
der König aber begriff, daß der Papst die Absicht habe, ihn
des Thrones zu entsetzen, und mit keiner andern Nachgiebigkeit
als einer Abdankung zu befriedigen sei, so fiel er nothgedrungen
aus dem Gehorsam in den Widerstand, aus der Demuth in
den Hochmuth zurück und bereitete sich dem Papste das anzu=
thun, was ihm anzuthun der Papst im Sinne hatte.

Laß ab, ich beschwöre dich, ruhmwürdiger König, laß ab
von dem Wagestück, das Haupt der Kirche von seiner Höhe
zu stürzen und durch Erwiederung des Unrechts Dich mit
Schuld zu beladen. Unrecht dulden ist Glückseligkeit, Unrecht
erwiedern Missethat.

Der König suchte also nach Gründen und Veranlassungen,
ihn zu entsetzen. Und es fand sich, er habe den päpstlichen
Stuhl, den er bestiegen, früherhin verschworen und darum ver=
schworen, weil er als Archidiakonus beim Leben eines Papstes
mittelst Bewerbung nach ihm gestrebt hatte. Ob dies wahr
ist oder ersonnen, habe ich nicht ergründen können. Die Einen
bejahen es, die Anderen sagen, es sei erlogen; und beide Theile
führen Rom für sich an. Die Letztern nämlich meinen: Rom,
die Gebieterin der Welt, würde solch eidvergessenen Frevel

niemals geduldet haben; die Ersteren aber sprechen: Rom, die 1080
Sklavin der Habsucht, würde für Geld gern jeglichen Frevel
gestatten. Meinerseits jedoch muß die Frage unentschieden
bleiben, weil ich das Unsichere weder zu bestreiten noch zu be=
stätigen wage.

Der König eilte nun mit Heeresmacht nach Rom und zer= 1081
trümmerte auf dem Wege jeden Widerstand. Er erstürmte die
Städte, drückte die Hochmüthigen nieder, krümmte die Hals=
starrigen und zersprengte die Parteien. Bei seiner Ankunft Mai
aber griff das aufgehetzte Rom, statt ihm die schuldigen Ehren
zu erweisen, als hätte der Punier Hannibal die Alpen über=
schritten[1], nach den Waffen und verschloß seinem Herrscher, wie
einem Feinde, die Thore. In gerechter Entrüstung unternahm
der König daher auf geeignete Weise die Belagerung der Stadt,
und wie sie ihm den Eingang, so wehrte er ihnen den Aus=
tritt. Abtheilungen wurden in die Umgegend gesandt, die Bur=
gen zu brechen, die Dörfer zu zerstören, die Güter zu plün=
dern; und so strafte er außerhalb die Landschaft, weil innerhalb
Rom sich verschlossen hatte. Draußen war der Krieg und
drinnen die Furcht. Allenthalben erhoben sich die Sturmge=
schütze; hier arbeitete der Widder gegen die Mauer, dort be=
reitete sich der Soldat die Leiter zu besteigen. Die Belagerten
dagegen schleuderten Geschosse, Steine, im Feuer gehärtete
Pfähle[2] und Feuer; zuweilen machten sie einen Ausfall und
stritten Mann gegen Mann. Beiderseits ward muthig gefoch=
ten; die Einen machte ihr Unternehmen, die Anderen die Ge=
fahr beherzt.

Eines Tages, als beide Theile von Streit und Hitze müde, 1083
um die Mittagszeit der Ruhe pflegten, und wie das Glück Juni
es wollte, nicht einmal ein Wächter seinen Dienst wahrnahm,

---

[1] Nach Lucan 1, 304 (Gundlach). W.
[2] Praeustas sudes, wie bei Virgil, Aen. 7, 524 (Gundlach). W.

1083 näherte sich einer von den Schildknappen der Mauer, um Pfeile zu sammeln. Wie er nun Mauer und Schutzwehren unbesetzt sah und mit aufmerksamen, lauschenden Ohren sich überzeugt hatte, daß drinnen keiner in der Nähe sei, so kletterte er, von keckem Muth und leichtem Körper unterstützt, aufwärts mit Händen und Füßen, bis er den obern Theil der Mauer er= faßte. Er warf seine Blicke nach allen Seiten, sah keinen, und schwebend zwischen Furcht und Hoffen, winkte er den Ge= fährten durch Bewegungen seines ganzen Leibes; kaum enthielt er sich des Rufens, weil sie seine Zeichen erst spät bemerkten. Nun aber ergriffen sie Waffen und Leitern, eilten heran, über= stiegen wie man zu sagen pflegt, schneller, als man es erzählen kann, die Mauer und tödteten, fingen und verscheuchten die zu spät erscheinenden Vertheidiger der bereits genommenen Stadt[1].

1084   Der König verschmähete den Einzug durch die nun eröff= neten Thore, wo die Nachfolgenden von den Voranschreitenden gehemmt und die Vorderen von den Hinteren gedrängt wür= den. Die Verwegenheit zu bestrafen, mit der sie ihm den

März 21. Eintritt versagt hatten, ließ er die Mauer so weit niederreißen, bis ein Weg eröffnet war, auf dem das gesammte Heer mit geordneter voller Flanke zugleich hineinströmen konnte. Ueber= all Tod, überall Jammer; und Rom erbebte, wie seine zer trümmerten hohen Thürme stürzten. Der Papst flüchtete[2]; und er, der Alle in die Gefahr gestürzt hatte, verließ sie Alle in der Gefahr. Endlich bereuete Rom seine Vermessenheit; und wäre es früher in der günstigen Lage gewesen, vom Kö= nige mit Geschenken beehrt zu werden, so brachte es nunmehr

---

[1] Heinrich bemächtigte sich der Leostadt Anfangs Juni 1083, Rom selbst ergab sich ihm erst am 21. März 1084.

[2] Gregor VII flüchtete sich, als Heinrich am 21. März 1084 in Rom einzog, in die Engelsburg. Die Stelle: Fugit apostolicus, et qui omnes in periculum impu- lerat, omnes in periculo deseruit, erinnert an die entsprechende bei Walram von Naumburg II, c. 7.: — ovibus suis, quibus noluit Hildebrant misereri, relictis eis, fugit in Traianium, quae scillicet munitio cet.

mit einer ungeheuren Geldsumme den König mit Mühe dahin, 1084
daß es nicht völlig zerstört wurde.

Nachdem dann bald Ruhe gewonnen war, machte der Kö=
nig öffentlich bekannt, weshalb er gekommen sei. Er meldete,
welche Anklage er gegen den Papst empfangen habe, und da
die von Vielen bezeugt wurde, setzte er nach einstimmiger Wahl März 24.
den Papst Clemens ein[1], von welchem er selbst unter allge=
meinem Beifall zum Kaiser geweiht und zum Patrizier ernannt März 31.
wurde; worauf er eine Weile in Rom blieb, um alles in
einen friedlich festen Zustand zurückzuführen.

7. Wir dürfen einen Vorgang nicht verschweigen, welchen
die Erzählung glaubwürdiger Personen nach Deutschland be=
richtet hat und den Rom selbst[2] bestätigt. Der Kaiser pflegte
ein bestimmtes Bethaus[3] der Andacht halber zu besuchen, und
ließ keinen Tag vorübergehen, ohne dort zu erscheinen. Inner=
halb jenes Heiligthums hatte er sich einen Lieblingsplatz zum
Beten ausgesucht, an welchem er sich um so andächtiger dem
Gebete widmen konnte, da er dort unbeachtet blieb. Diese
Gewohnheit bemerkte ein ruchloser Mensch, und entweder von
eigener oder vielmehr von fremder Tücke[4] angestachelt, schaffte

---

[1] Der bereits zu Brixen am 25. Juni 1080 gewählte Gegenpapst Wibert
(Clemens III) ward jetzt von den Römern aufs Neue gewählt und am 24. März
geweiht.

[2] D. h. der römische Kardinal Benno in seiner Schmähschrift wider Gregor VII
(bei Goldast, Apologiae pro Henrico IV. p. 3); dessen Erzählung von dem Mordversuch
gegen Heinrich unserem Verf. vorgelegen hat, wie z. B. folgende Stellen lehren:

Benno: Imperator solitus erat fre-
quenter ire ad orationem ad ecclesiam —

— ut supra trabes ecclesiae occulte
lapides magnos collocaret, — ut de alto
super caput orantis imperatoris demit-
teret —

Quod minister tanti sceleris cum
festinaret implere —.

Vita: Imperator consueverat quod-
dam oratorium orationis causa frequen-
tare —

— grande saxum super trabem ad
feriendum de super caput imperatoris
posuit —

Postquam satis exploratum est, minister doli sursum in nocte scandens —

[3] Nach Benno war's die Kirche der heil. Maria auf dem Aventin.

[4] Benno nennt geradezu Gregor VII als Anstifter.

1084 er einen großen Stein aufs Gebälk, um von oben herab den
Kopf des Kaisers zu zerschmettern. Indem er ein Brettstück,
das gerade auf das Haupt des Kaisers herabsah, aus der
Decke hob, machte er eine Oeffnung für das gewichtige Wurf=
stück, und suchte sich durch wiederholtes Niederlassen eines
Seiles sicher zu stellen, daß der fallende Stein nicht etwa
fehle. Nachdem der Missethäter hinreichende Versuche angestellt
hatte, stieg er wiederum nächtlicher Weile hinauf, und lauerte
oben bis der Kaiser am gewohnten Orte betend stand. Dann
stieß er, nach fremdem Tode trachtend und den eignen nicht
vermuthend, die Last hinab auf des Kaisers Haupt; aber ohne
den Kaiser zu verletzen, der sich vom Orte eben ein wenig
entfernt hatte, stürzte er sammt der Last hinunter, selber eine
unglückliche Last. Rasch verbreitete sich die Nachricht durch
ganz Rom, und das Volk, schwer zu besänftigen, wenn es ein=
mal erregt ist, schleppte gegen des Kaisers Willen den halb=
entseelten Körper über Stock und Stein und riß ihn in Stücke.
Die Begebenheit aber hielten darauf Alle für ein Wunderzeichen
und nicht für einen Zufall, und hingen dem Kaiser mit um
so größerer Zuneigung an. Der feindliche Anschlag bestärkte
nicht nur seine Freunde, sondern hatte auch viele seiner Feinde
in Freunde umgewandelt. Und also hat jener, indem er zu
schaden versuchte, genützt.

Endlich als die römischen Angelegenheiten geordnet und
eine Besatzung in die Stadt gelegt war, damit diese nicht in
der Treue wanke, zog der Kaiser, mit der neuen hohen Würde
bekleidet, nach Deutschland zurück. Allein kein Glück ist von
Bestand. Denn die vom Kaiser zurückgelassene Besatzung Roms
ward von einer Krankheit befallen, welche Ort und Jahreszeit
— es war eben Sommer — ihnen brachten; und nicht Einer
von ihnen entrann dem Tode. Nun war Rom vom Joch der
Besatzung frei, und kehrte im Wiederbesitz seiner Ungebunden=

heit zur alten Gesinnung zurück[1], empörte sich nochmals gegen 1085
den Kaiser, verjagte den Papst und erhob einen neuen; denn
jener frühere Papst Gregor war gestorben[2].

Auf diese Zeitung brach der Kaiser zum zweiten Male 1090
mit einer Streitmacht nach Rom auf. Als er jedoch in Italien angelangt war und ihm einerseits Römische Abgeordnete
mit friedlichen Erbietungen entgegenkamen, andererseits ihn
die Meldung feindseliger Unternehmungen hinter seinem Rücken
ereilte, so kehrte er heim[3] und ließ seinen Sohn Conrad, der 1093
bereits zum Thronerben erklärt war, in Italien zurück. Hier
sollte dieser der um sich greifenden und fast ganz Italien an
sich reißenden Mathilde entgegentreten und sein zukünftiges
Reich der Hand eines Weibes entwinden.

Was bleibt den Feinden zu thun, wenn wider die Eltern
sich die eigenen Kinder erheben? Oder wo ist auf Sicherheit zu zählen, wenn man vor dem nicht sicher ist, den man
gezeugt hat? Es ist Zeit, daß die Ehen aufhören; mag keiner
sich einen Erben wünschen! Dein Erbe wird dein Feind sein,
der dir nicht nur Haus und Gut entreißt, sondern auch das
Leben zu entreißen eilt! — Des Kaisers Sohn, von dem wir
erzählt haben, daß er vom Vater in Italien zurückgelassen und
zu welchem Zwecke zurückgelassen worden, er wurde von Mathilde gewonnen — denn wen verführt, wen bethört nicht
Frauenlist! Er trat in Bund mit den Feinden, setzte sich die
Krone des Vaters auf, maßte sich die Regierung an, entweihte
das Recht, stürzte die Ordnung, stritt wider die Natur und
stand nach dem Blute des Vaters, weil er ohne des Vaters
Blut zu vergießen nicht hätte herrschen können.

Als das schleunige Gerücht diese Neuigkeit den Wider-

---

[1] Ad ingenium rediit, wörtlich wie bei Terenz, Ad. I, 1, 46 (Gunblach). W.
[2] Gregor VII starb am 25. Mai 1085. Hierauf wurde Wibert aus Rom verjagt und Gregors Nachfolger, Victor III, am 24. Mai 1086 gewählt.
[3] Er blieb noch bis 1097 im nördlichen Italien. W.

1093 sachern des Kaisers überbrachte, jubelten sie, klatschten in die
Hände, sangen und priesen die That des Sohnes und vorzüg=
lich die Frau, welche sie angestiftet[1]. Hurtig entsandten sie
Boten, den Trotz des neuen Königs weiter anzustacheln, Oel
ins Feuer zu gießen[2] und in ihrem Namen, aber mit sich
selbst im Widerspruch, ewige Treue und Beistand zuzuschwören,
obwohl sie sich längst verschworen hatten, niemals weder dem
Vater noch dem Sohne zu gehorchen.

Der Kaiser aber, wie sehr ihn auch in der Tiefe diese
Botschaft schmerzte, bewahrte doch äußerlich seinen würdevollen
Ernst, und beklagte nicht sowohl sein Mißgeschick als das des
Sohnes. Weil er ihn jedoch von seinem Beginnen nicht ab=
zubringen vermochte, so war er bedacht, nicht das erlittene
Unrecht zu strafen, sondern vermöge der Strafe ein Vorbild
des Unrechts zu beseitigen, und faßte den Vorsatz, den Sohn
zu enterben und dessen Bruder Heinrich, der noch ein Knabe
1097 war, an die Regierung zu befördern. In zahlreichen Fürsten=
versammlungen erhob der Kaiser Klage über seinen Sohn Con=
rad: verbündet mit den Feinden des Reichs habe er die Re=
gierung sich angemaßt; er stelle seinem Vater nicht nur nach
der Krone, sondern auch nach dem Leben; die erlittene Unbill
müsse als eine allgemeine empfunden werden, oder wenn sie
keinen rühre, so möchten sie doch der öffentlichen Sache den
Dienst gewähren, nicht zu dulden, daß jemand durch Gewalt
und Frevel herrsche; vielmehr möchten sie auf den jüngern
Sohn die Königswahl übertragen, welche der ältere mit Recht
eingebüßt habe. Die Meisten erhoben Einspruch, wobei sie
sich mehr auf Ausflüchte als auf Recht und Wahrheit stützten;
viele aber, denen das öffentliche Wohl am Herzen lag, schenk=
ten der Ansicht und dem Wunsche des Kaisers ihren Beifall.

---

1) Gundlach verweist auf die Aeneïde I, 364: dux femina facti. W.
2) Worte aus Horaz Satiren II, 3, 321 (Gundlach). W.

Zuletzt wurden sie sämmtlich Eines Sinnes. Erst ward der 1097
Eindringling durch Fürstenspruch verurtheilt, und mit einmü=
thiger Zustimmung Aller ernannte der Kaiser darauf den jün=
gern Sohn zum Erben seines Reichs; dem er den Eid abnahm, 1098
daß er selber nie sich auf den Weg des Bruders verlieren,
niemals beim Leben des Vaters ohne dessen Bewilligung nach
der Regierung oder nach den väterlichen Besitzungen seine Hand
ausstrecken werde.

Sogleich flüsterte man sich damals zu und fürchtete, innerer
Hader werde ausbrechen zwischen den beiden Brüdern und das
Reich großen Schaden davontragen. Allein der alles lenkt, 1101
beseitigte diese Besorgniß durch den Tod des älteren Bruders Juli 27.
und gewährte dem Reiche die Möglichkeit, zur Eintracht zurück=
zukehren. Hiernach besaßen die Feinde des Kaisers nach Ver=
lust so vieler Häupter keinen, dem sie sich anschließen konnten,
ergaben sich unter gewissen Bedingungen, und was das Aller=
beste war, sie vertauschten die Fehden mit dem Frieden und
den Lärm des Lagers mit häuslicher Ruhe.

· 8. Indem nun allerwärts Friede und Sicherheit herrsch=
ten, entbot der Kaiser die Fürsten zu Hofe[1], ließ den Frieden
fürs ganze Reich beschwören und setzte, den Gewaltthaten zu 1103
steuern, schwere Sühne für die Friedensbrecher fest[2]. Dieses Jan. 6.
Friedensgesetz hat, wie es den Unglücklichen und Guten zum
Nutzen gereichte, ebensosehr den Schelmen und Gewalthabern
geschadet. Jenen brachte es Wohlstand, diesen Dürftigkeit und
Hunger. Denn dieselben, welche ihr Eigenthum an Kriegsleute
vergeudet hatten, um mit einem bedeutenden Gefolge von Kampf=
gesellen aufzutreten, und die Anderen mit der Menge ihrer
Bewaffneten weit zu überbieten, die hatten jetzt, da ihnen die

---

[1] Nach Mainz, wo am 6. Januar 1103 der Friede verkündigt ward.

[2] Diese Nachricht und die folgende Darstellung hat K. W. Nitzsch erläutert und
gerechtfertigt in dem Aufsatz: „Heinrich IV und der Gottes= und Landfrieden‟, For=
schungen zur Deutschen Geschichte 21, S. 269—298. W.

1103 Raubfreiheit genommen war, — mit ihrer Gunst sei's gesagt
— gegen Armuth zu kämpfen und ihrer Keller bemächtigten
sich Mangel und Nothdurft. Die kürzlich auf schäumendem
Rosse dahinflogen, die huben an, mit einem Bauergaule sich
genügen zu lassen. Die kürzlich ein Kleid nicht anders moch=
ten, als gefärbt mit brennender Purpurröthe, die erklärten jetzt,
sie befänden sich vortrefflich, wenn sie ein Kleid besäßen, das
Natur in die eigene Farbe getaucht hätte. Das Gold war
froh, nicht mehr in den Schmutz getreten zu werden, da die
Mittellosigkeit nöthigte, Sporen zu tragen, die von Eisen
waren. Kurz, was alles Eitles und Unentbehrliches verwerf=
liche Sitten eingeführt hatten, alles dies beseitigte die Meisterin
Armuth. An den kleinen Uferburgen, denen die Plünderung
der Fahrzeuge den Unterhalt beschafft hatte, zog der Schiffer
jetzt vorüber, ungefährdet vom hungerleidenden Gebieter des
Oertchens.

Wunderbar und nicht minder belachenswerth! während
Andere Unbill mit Unbill vergelten, so strafte der Kaiser die
erlittenen Beleidigungen mit dem Frieden. Indem jedoch die
Herren sammt ihren Helfershelfern durch jenes Gesetz ein paar
Jahre im Zaum gehalten wurden, so erhoben sie, mißvergnügt
über die Beschränkung ihrer schlimmen Freiheit, neues Geflüster
wider den Kaiser, und sprengten neuerdings arge Gerüchte
über seine Handlungen aus. Was ist's denn nun, frage ich
euch, was er verbrochen hat? Dies freilich war's, daß er
Schandthaten verhütete, Frieden und Gerechtigkeit zurückrief,
daß der Freibeuter nicht mehr die Straße besetzt hielt, daß
der Wald nicht mehr seine Hinterhalte verbarg, daß der Kauf=
mann und der Schiffer frei ihres Weges ziehen konnten, daß
der Räuber Hunger litt, als der Raub verboten war. Warum
wollt ihr denn aber, möchte ich wissen, von nichts anderem
als vom Raube leben? Gebt dem Acker die Leute wieder,

welche ihr ihm entzogen habt, um sie zum Waffendienst zu 1103 brauchen; passet die Anzahl eurer Kriegsleute dem Maße eures Vermögens an; erwerbet eure Güter wieder, die ihr, um viele Bewaffnete zu haben, thörichter Weise verschwendet habt, und eure Scheuern und Keller werden von allem Guten strotzen, und nicht mehr wird es von Nöthen sein, fremdes Eigenthum anzutasten, da jeder wird des eignen in Fülle haben können. Dann wird man weder den Kaiser mit Anschuldigungen beschimpfen, noch Krieg im Reiche führen; dann werdet ihr euren Leib befriedigen können und was das Glückseligste ist, eure Seele retten. Doch eitles Bemühen — den Esel lade ich zum Lautenspiel[1]! Niemals oder schwer wird böse Gewohnheit aufgegeben.

9. An Raub gewöhnt, trachteten sie daher nach einem Anlaß diese Thätigkeit wieder zu erfassen, sannen auf neuen Aufruhr, und suchten dem Kaiser wieder einen neuen Nebenbuhler zu erwecken. Am brauchbarsten hierzu erschien ihnen sein Sohn. Um also auf ihn einwirken zu können, griffen sie nach den ersten Lockmitteln der Verführung: sie holten ihn oft zur Jagd, luden ihn zu den Freuden der Tafel, zerstreueten seinen Geist mit Possen, und verleiteten ihn zu den meisten Streichen, welche Jugend eingiebt. Nach Jünglingsart schlossen sie endlich eine so innige Kameradschaft mit einander, daß sie die gemeinsamen Heimlichkeiten selbst mit Eid und Handschlag wahrten. So umgarnt von vielen Tücken, hielten sie ihn reif zur Beschwatzung. Eines Tages brachten sie unter anderem wie zufällig das Gespräch auf seinen Vater: es sei erstaunlich, wie er einen so strengen Vater ertragen könne; nichts unterscheide ihn von einem Knechte, da er alles Knechtische erdulde; sein Vater sei alt, untüchtig die Zügel der Herrschaft

---

[1] Sprichwörtlicher Ausdruck, welcher auch in den Briefen des heil. Hieronymus 27, 1 vorkommt (Manitius). W.

1104 zu führen; und wenn er mit der Uebergabe der Regierung warten sollte, bis er stürbe, so sei kein Zweifel, daß ein anderer sie ihm entreißen würde; er selber könnte viele Freunde haben bei dem herrschenden Unwillen und Haß wider seinen Vater; sie aber würden alle Stimmen ihm zuwenden, wenn er nicht zögerte das Ruder des überkommenen Reichs in die Hand zu nehmen, um so mehr da seinen excommunicirten Vater sowohl die Kirche längst entsetzt als auch die Großen des Reichs verworfen hätten; was er unvorsichtiger Weise beschworen habe, das möge er sich aus dem Sinne schlagen; vielmehr würde er sich damit erst recht heiligen, wenn er den Eid, geschworen einem Excommunicirten, nicht gelten ließe.

Der Vater ahnte von seinem Sohne nichts Arges und ließ sich dessen Vertraulichkeit mit den Vornehmen des Reichs gefallen, in der Hoffnung, daß sie ihm künftighin zur Behauptung des Thrones um so treuern und kräftigern Beistand leisten würden, je eher sie sich in Liebe an einander geschlossen hätten.

Doch kurz gesagt, erregbar wie die Jugend ist, folgte des Kaisers Sohn, von Begierde schnell bethört und hingerissen, der arglistigen Eingebung mit Herz und Hand. Vom Vater sich zu trennen, wartete er daher auf einen Augenblick, wo der Abfall ihm am gefährlichsten wäre. Der Kaiser befand sich mit einem Heere auf dem Marsch gegen einige sächsische Rebellen[1], deren Gesandte ihm eben zur Unterhandlung entgegengeeilt waren, als plötzlich mit vielen Abtrünnigen der Dezbr. 12. Sohn ihn verließ — der unfehlbar selbst von denen verlassen werden wird, die ihn zur Untreue verleitet.

Der Kaiser schickte ihm Boten nach, rief ihn mit Thränen und Ermahnungen zurück, beschwor ihn, seinen greisen Vater nicht in Trauer zu versetzen; er möchte vielmehr den Vater

---

[1] Gegen den Grafen Dietrich, welcher den neugewählten Erzbischof Hartwig von Magdeburg gefangen hatte.

Aller nicht beleidigen; er möchte sich dem nicht aussetzen, von 1104
den Menschen angespieen zu werden, dem Gerede der Welt zu
verfallen; zudem sollte er des Eides gedenken, den er ihm ge-
leistet hätte; Feinde seien es, nicht Freunde, Betrüger, nicht
Berather, die ihm solche Dinge eingegeben hätten.

Jener wies unbedingt alles von der Hand und erklärte,
er wolle nichts ferner mit ihm zu thun haben, weil er ex-
communicirt sei.   So betrieb er unter dem Vorwand der
Sache Gottes die eigene Sache.   Sofort durchreiste er Baiern,
Schwaben, Sachsen; trat mit den Fürsten in Berührung:
neuerungssüchtig wie die Menschen sind, gewann er sie alle;
und bemächtigte sich der königlichen Gewalt, als hätte er seinen
Vater bereits begraben.

Bald zog er drohend vor das Nürnberger Schloß.   Mit 1105
welcher Mannhaftigkeit da gestritten ward, zeigte der beider- Juli
seitige Verlust.   Doch die Belagerten erfüllte je weniger Hoffnung, desto größere Verwegenheit; und hätte nicht der Kaiser,
um die Gräuel zu enden, befohlen das Schloß zu übergeben, August
noch jetzt würde jener mit fruchtloser Belagerung sich ab-
mühen; es sei denn, daß Hunger, der alles erobernde, die Eroberung vollzogen hätte.   So groß war des Vaters Liebe!
Des Sohnes Unthat vergalt er mit väterlicher Wohlthat; nicht
der erlittenen Kränkung, sondern dem Drange der Natur gab
er Gehör; lieber sollte die Burg übergeben, als mit Ge-
fährdung seines Sohnes befreit werden; lieber wollte er dessen
Frevel ertragen als bestrafen.   So übergaben denn die Burg-
mannen ihre Burg unter Bedingungen, wie sie selbst sie verlangten.   Das Heer ward entlassen und der König zog nach
Regensburg, das noch eine unentschiedene Haltung zeigte, um
sich diese Stadt zu entschlossener und beharrlicher Treue zu gewinnen.

Hiervon unterrichtet, meinte der Kaiser, der damals in

1105 Würzburg ſich befand, er werde den Sohn entweder außer=
halb oder innerhalb der Stadt gefangen nehmen können, und
ſuchte ihm mit ſolcher Eile und Heimlichkeit nahe zu kommen,
daß ſein Marſch nicht eher bekannt wurde, als bis von den
Seinigen ein anſehnlicher Trupp die Donau überſchritten hatte,
und auf eilenden Pferden gegen die Stadt ſtürmte. Erſchreckt
durch dieſe plötzliche und unverhoffte Erſcheinung, entwich der
Sohn aus der Stadt. — Warum fliehſt du den, welchen du
nicht zu fliehen haſt, warum fliehſt du deinen Vater? Er
folgt dir, aber verfolgt dich nicht. Er folgt dir, ſage ich,
nicht als Feind, ſondern als Vater; nicht um dich zu ver=
derben, ſondern um dich zu erretten; er folgt dir, um dem
von dir in Unruhe geſtürzten Reiche den Frieden wieder=
zugeben und deiner eigenen Zukunft zu nützen!

Sogleich entſandte der König ſeine Boten durch Baiern
und Schwaben und brachte das entlaſſene Heer wieder zu=
ſammen, in Folge deſſen auch der Kaiſer Truppen ſammeln
mußte. Am Regenfluſſe traten beide Heere einander entgegen;
hüben ſtand der Vater, drüben der Sohn, hüben Liebe, drüben
Raſerei. Als nun die Mächtigeren beider Parteien zur Ver=
mittlung eines ſolchen Zwieſpalts zuſammentraten, da wurden
die von kaiſerlicher Seite durch Ueberredung gelockt, durch
viele und große Zuſagen beſtochen; und ſie erkalteten in ihrer
Treue gegen den Kaiſer. Hätte er die Untreue ſeiner Ge=
noſſen nicht vorausgeahnt, er wäre mit wenigen allein in der
Gefahr geblieben. Er entſchloß ſich alſo, wie die Nothwendig=
keit es erheiſchte, dem Verbrechen und dem Geſchick zu weichen,
und floh, wie David einſt, damit der Sohn nicht Vatermörder
würde.

Wie wunderbar waltet Gottes Gnade; durch welch ein un=
zweideutiges Zeichen belehrt ſie uns, wenn wir nur belehrt
ſein wollen, wenn wir nur nicht verſtockten Herzens wären!

Indem der Kaiser erwog, daß seine Feinde ihn auf dem 1106
Wege, den er gekommen, verfolgen würden, so zog er zum
Herzog[1] von Böhmen ab, von dem er, obwohl eben in seiner
Bedrängniß unlöblich verlaffen, dennoch mit großen Ehren auf=
genommen und zu den Sachsen geleitet wurde. Und wiewohl
er unter diesen grimmige und mächtige Feinde hatte, so ward
er von ihnen doch durch ihr Land ehrenvoll an den Rhein ge=
leitet. Wie war dies möglich, wenn nicht Gottes Hand mit
ihm war[2], wenn er nicht einen unfichtbaren Führer hatte, der
ihn leitete, dem Geschoß und dem Feinde[3] wehrend? Dies
Wunder, o Sohn des Kaisers, war eine Mahnung für dich,
wenn du einer Mahnung zugänglich wäreft, daß du verehren
lernteft, nicht verfolgen deinen Vater, den selbft seine Feinde
geehrt, als er in ihre Hände gefallen war. Doch von rauher
Mahnung wirft du getroffen werden, da so milde Warnung
dich nicht gebeffert hat.

Als aber die Flucht des Kaisers laut geworden war, so
entzog ihm dies Ereigniß viele Anhänger und verstärkte eben
so wirffam die Partei des Sohnes, wie es die seinige schwächte.

10. Das Glück, das ihm lächelte, rasch zu benutzen, ver=
kündigte der Sohn auf Weihnachten einen Reichstag in Mainz,
lud die Fürften ein und sammelte viele um sich, damit allen
kund würde, daß er der Dinge Herr sein wolle.

Auch der Kaiser entschloß sich, mit seinen Getreuen auf
diesem Reichstag zu erscheinen, mit der Abficht darüber Prozeß
zu erheben, ob ihm Recht oder Unrecht geschehen sei. Auf Dezbr.
diese Nachricht fürchteten seine Gegner Gefahr für sich und
ihre Sache, wenn er, von seinem Heerhaufen wie von seinem
guten Recht geschützt, sich einfände, und gaben dem Könige den
argen Rath: mit der Miene eines überaus Reuemüthigen dem

---

[1] Boriwoi. — [2] Worte des Evangeliften Lucas 1, 66 (Gundlach). W.
[3] Per tela, per hostes, wie in der Aeneide 2, 527 (Manitius). W.

1105 Bater entgegenzueilen, sich schuldig zu bekennen und um Gnade zu bitten; er möchte sagen, er bejammere es, bösen Rath= schlägen gefolgt zu sein, er sei zu jeglicher Genugthuung be= reit, sobald er nur zu Gnaden aufgenommen würde; und fände er also Gelegenheit zur That, so möge er sie üben, wenn nicht, so könnte das trügerisch Versprochene wie ein treu Ge= meintes, die angenommene Haltung wie eine wahrhaftige fest= gehalten werden.

Dezbr. 21.   Als er mit solchen Künsten ausgerüstet zum Vater ge= langt war[1], fiel dieser, den Worten und Thränen seines Sohnes gern vertrauend, ihm um den Hals, weinte, küßte ihn und war freudenvoll wie jener Vater im Evangelium, daß der Sohn, der gestorben war, wieder aufgelebt, daß der Verlorne wiedergefunden sei[2]. Kurz, er sah ihm Strafe nach und Schuld, und den Sohn mit sanftem Vaterwort zurechtzuweisen, galt ihm für Züchtigung seiner Unthat, denn, wie jener Lust= spieldichter[3] sagt: „Geringe Sühne genügt dem Vater für des Sohnes großen Fehl."

Wie mit erheuchelter Reue, so überlistete er den Vater nun auch durch seine Vorschläge. Er rieth, wie man es ihm eingegeben hatte: sie sollten das große Gefolge entlassen und dann beide mit mäßiger Begleitung sich zum Reichstag be= geben; kein Mensch werde ihm entgegen treten, da sie sich ja ausgesöhnt hätten; zögen sie mit solchen Streitmassen auf, so würde alles verwüstet werden. Der Vorschlag — wohl vor= trefflich, wäre er nicht voll Trug gewesen — hatte des Vaters Beifall. Das Gefolge ward entlassen und mit nur dreihun= dert Mann zog er in Begleitung seines Sohnes weiter zum Reichstag.

Sie erreichten einen nächtlichen Ruheort[4]. Da war der

---

[1] Nach Coblenz. — [2] Lucas 15, 24. — [3] Terenz, Andria V, 3, 32.
[4] Bingen.

Sohn ganz Hingebung für seinen Vater. Da erfreute die 1:05
ganze Nacht der Vater sich über alle Maßen an seinem
Sohne, er unterhielt sich mit ihm, spielte mit ihm, umarmte
und küßte ihn, begierig für Ersatz nach der Freude langer
Entbehrung, und nicht ahnend, daß es der Kosenächte letzte war!

Wundersam, wie jemals ein trugvolles Spiel einen so Dezbr. 22.
stetigen Erfolg haben konnte! Als sie nämlich Tags darauf
sich Mainz bereits näherten, mußte ein Bote kommen zu be=
richten, daß die Baiern und Schwaben mit ungeheuern Streit=
massen in Mainz eingetroffen seien. Nun stellte der Sohn
dem Kaiser vor, es sei nicht gerathen sich unter die Feinde zu
begeben, bevor man ihre Gesinnung erforscht habe; die Kühn=
heit der Menschen sei zügellos; er möge sich vielmehr auf eine
Burg, die in der Nähe war[1], zurückziehen, mittlerweile wolle
er selbst mit jenen unterhandeln, sie von ihren Plänen ab=
bringen, und sie ihm dann Gnade bittend zuführen. Der
Kaiser that, wie der Sohn ihm rieth, und ging auf jene
Burg, ohne die tückische Schlinge zu gewahren, die der schöne
Schein erlogner Treue geschürzt hatte. Kaum war der Kaiser
mit einigen wenigen eingetreten, als das Thor geschlossen und
einen Getreuen der Einzug verweigert wurde. Die Lüge kam
an den Tag. Als Herr war er empfangen worden, als Ge=
fangener ward er behandelt.

So hatte der Sohn über seinen Vater Wächter gesetzt, Dezbr. 24.
kehrte mit diesem Triumph seiner Arglist nach Mainz zurück,
und als wäre ihm ein Heldenstück geglückt, erzählte er unter
vielem Prahlen, mit welcher Schlauheit er seinen Vater ge=
fangen habe. Der Reichstag erdröhnte von Beifall und
Jubel: das Unrecht nannte man gerecht, und löblich den Be=
trug. Alsobald ließ er den Vater durch einen Boten bedeuten:
Wenn er das Leben behalten wolle, so möge er ohne Säumen

---

[1] Böckelheim.

3*

1106 das Kreuz, die Krone, die Lanze und die anderen Reichskleinod
überschicken, und die am stärksten befestigten Burgen, die e
besitze, seinen Händen überliefern.   Jener zögerte nicht, alle
was er ihm befahl zu vollziehen, und schlug das Reich nich
höher an als sich selbst.

Allein auch damit war man noch nicht zufriedengestellt; e
sollte persönlich erscheinen und öffentlich vor allen der Regierun
entsagen.   So kam er denn, nicht in seiner Machtfülle, son
dern als Gefangener herbeigeführt[1].   Er allein stand vo
Dezbr. 31. jenen, die kurz vorher vor ihm gestanden hatten.   Er hatt
nicht das freie Wort einer Rechtsverhandlung, sondern sprac
wie die Lage eines Gefangenen ihn zu sprechen nöthigte.   Be
fragt wegen einer freiwilligen Entsagung des Throns, ant
wortete er, nicht wie er wollte, sondern wie er mußte: E
gebe die Regierung auf, nicht durch Gewalt gezwungen, son
dern aus freien Stücken; ihm fehlen schon die Kräfte de:
Reiches Zügel zu lenken; er fühle schon keine Sehnsucht meh
nach der Herrschaft, denn durch eine lange Erfahrung sei e
belehrt worden, daß sie mehr Mühsal als Ruhm gewähre; e
sei Zeit, daß er die Würde sammt der Bürde niederlege un'
für seine Seele sorge; nur möge sein Sohn ihm nichts der
artiges anthun, was sowohl den Thäter wie den Erdulde
schände.

Die Sprache des Kaisers und sein Mißgeschick rührten viel
zu seufzen und zu weinen; den Sohn aber vermochte di
Natur selbst nicht zum Mitleid zu bewegen.   Und als er zu
des Sohnes Füßen sank und bat, er möge in ihm wenigstens
das Recht der Natur anerkennen, da lenkte dieser weder Ge
sicht noch Gefühl zum Vater zurück; und doch hätte er liebe
zu des Vaters Füßen stürzen sollen, weil er das Reich, zu
dessen Erben er von ihm ernannt worden war, über di

---

[1] Nach Ingelheim.

Zögerung ungeduldig, ihm entriffen hatte. Außerdem bat der 1106
Kaiser alle um Verzeihung, die er jemals ungerecht verletzt
hätte. Auch zu den Füßen des päpstlichen Legaten [1] warf er
sich nieder, bittend und beschwörend, daß er ihn aus dem
Banne lasse und der Gemeinschaft der Kirche wiedergebe. Die
Laienfürsten, von Mitgefühl bewegt, verziehen ihm; der Legat
des Herrn Papstes aber verweigerte die Freisprechung mit der
Versicherung, das stünde nicht in seiner Macht; der Kaiser
müsse vom Papste selbst die Gnade der Absolution erwarten.
Mit einem Wort, er verzichtete auf die kaiserliche Würde.
Als Unterthan ging er von bannen und zog sich nach einem
Hof [2] zurück, welchen der Sohn zu seinem Unterhalt bestimmt
hatte. Wie machtlos ist die Macht dieser Welt, wie ungewiß,
wie unstet! Nicht Macht sollte sie heißen, da sie nicht im
Stande ist, all ihren Willen auszuführen, und da, wer sie er-
langt, sie verlieren kann.

11. Der Reichstag wurde hierauf entlassen und der König 1106
zog durch die oberen Gegenden und Städte des Rheins und
unterwarf nach den Umständen die Einen in Güte, die Anderen
mit Gewalt. Als er jedoch in den Elsaß gelangt war, gerieth sein Glück einigermaßen ins Stocken: und er ließ sich
da auf einen Kampf ein, der einen ebenso unerwünschten Ausgang wie unbesonnenen Anfang hatte. Als nämlich in Ruffach [3],
einer Ortschaft von großer und streitbarer Bevölkerung, sein
Gefolge es mit Uebermuth trieb, wehrte ein Haufen von Einwohnern dem Unfug, der alles Maß überschreitend ihre Ge-
duld erschöpft hatte. Der König vernahm den Lärm und eilte
herbei, nicht um dem Unfug zu steuern, sondern ihn zu för-
dern, nicht um den Kampf zu stillen, sondern um ihn weiter
anzufachen. Die gesammte Bevölkerung des Ortes ward hier-

---

[1] Richards, des Cardinalbischofs von Albano.
[2] Ingelheim. — [3] Südlich von Colmar.

1106 durch in Harnisch gebracht; die stürmische Menge eilte herbei[1], die Weiber mit den Männern, die Knechte mit den Herren, die Feiglinge mit den Tapfern, und wie meist geschieht, das Unrecht erweckte ihren Muth. Es begann der Kampf und dann die Flucht. Denn als die königliche Partei sich von der wüthenden Menge angegriffen und in die Enge getrieben sah, und gewahrte, daß Widerstand ihr Untergang und nur die Flucht ihr Heil sein würde, so rettete wer konnte fliehend sein Leben. Welch übler Erfolg, welche Unehre für das Reich! Denn während der König entwich, wurden die Reichskleinode eine Beute des Pöbels. — Bekehre dich endlich, guter König, bekehre dich und erkenne des Himmels Zorn in diesem Unfall. Es ist das Gericht des göttlichen Unwillens, daß du flohest der du den Vater verjagt, daß du die Kleinode verlorst die du dem Vater entwunden. Als der König dieselben darauf durch Friedens= und Gnadenversicherungen wieder in die Hände bekommen hatte, so bestimmte ihn der tiefe Aerger über den er= littenen Schimpf, sein Wort zu brechen. Er sammelte einen beträchtlichen Kriegshaufen, verwüstete den Ort mit Feuer und Schwert, und richtete unter den Einwohnern ein unbarm= herziges Blutbad an.

Weil er aber argwöhnte, es sei auf seines Vaters Antrieb geschehen, was doch nur des Glückes Ungunst sich gegen ihn erkühnt hatte, so begann er auf frische Kränkungen wider ihn zu sinnen; und um die Veranlassung zu Widersetzlichkeiten zu entfernen, faßte er den Vorsatz, ihn entweder in Haft zu bringen oder aus dem Lande zu jagen. Als er daher ver= nahm, zu Lüttich habe der Vater Treue und eine Zuflucht in seinem Unglück gefunden, so traf er die Bestimmung, ebendort selber das Osterfest zu begehen, um sowohl den Vater wenn

---

[1] Ruit irrevocabile vulgus, wie bei Lucan 1, 509, wie schon Waitz bemerkt hat. W.

es möglich wäre zu fangen, als auch den Bischof[1], der seinem 1106
Nebenbuhler Aufnahme gewährt hatte, wegen dieser Unbill zur
Rechenschaft zu ziehen[2].

Wie der Vater die Absicht seines Sohnes die Ostern in
Lüttich zu feiern erfuhr, ordnete er an ihn folgende Botschaft
ab: „Fragte ich dich, geliebtester Sohn, ob menschliche Lehre
oder Gottes Gebot vorzüglicher oder beachtenswerther sei, so
würdest du, wofern du der Wahrheit nicht entrückt bist, ent=
gegnen, dem Viehe gliche, wer nicht das Himmlische über das
Irdische, das Göttliche über das Menschliche stelle. Warum
also hörst du auf jene lieber, die dir rathen; „„Verfolge
deinen Vater““, als auf diesen Ausspruch Gottes: „„Ehre
deinen Vater““? Sie betrügen dich, aber belehren dich nicht;
sie empfinden für deine Ehre nicht Gunst, sondern Mißgunst:
unter dem Deckmantel der Treue knüpfen sie die Schlingen der
Untreue. Nicht anders konnten sie zum Umsturz deiner Ehre
gelangen, als durch den Umsturz der meinigen. Es mag wohl
sein, daß wegen meiner Sünden, wie meine Gegner meinen,
Gott mich vom Throne gestürzt hat; aber du warst nicht be=
fugt, an meinem Sturze zu arbeiten und das Reich mir zu
entreißen, das ich dir bestimmt hatte. Ungesittete Nationen
verwerfen und verwünschen so unmenschlichen Frevel; selbst die
Heiden fühlen Abscheu, und die Gott nicht kennen, sie erkennen
doch, wieviel Menschenliebe sie der Natur schuldig sind. Doch
kein Wunder, wenn boshafte Hinterlist die leicht erregte und
unreife Jugend mißleitet, da schlimme Rathschläge bisweilen
selbst Greise und ihren festen Sinn zum Bösen lenken. Mein
Unglück ist eher Folge fremden als deines Vergehens; denn du
warst in den Händen der Anstifter, nicht sie in den deinigen.
Thätest du aber Gewalt hinzu, so hättest du keine Entschul=

---

[1] Otbert.
[2] Iniuriam expostularet, wie Terenz, Andria IV, 1, 15 (Gundlach) W.

1106 bigung mehr, da du weißt, daß die verübte That eine Schand=
that war, und du im Stande bist, die noch nicht gethane un=
gethan zu lassen. — Ich habe nun vernommen, daß du Ostern
in Lüttich zu feiern dich entschlossen hast. An diesem Orte hat
mich die Treue und Liebe des Bischofs aufgenommen, als
keiner vorhanden war, der meiner Gunstbezeigungen gedacht
oder meiner Lage sich erbarmt hätte. Dir wahrlich steht es
an, die Wohlthaten, die er mir erwiesen, mit königlicher Frei=
gebigkeit zu belohnen; und um so sicherer dürftest du auf seine
Treue zählen, je getreuer er offenbar gegen mich gehandelt
hat. Er ist gesonnen, mich während des Osterfestes bei sich
zu behalten, wofern er nicht etwa dich im Hause hätte. Aber
du sprichst, es sei geziemend und schicklich, daß dieser Feiertag
uns eher verbinde als scheide, du wollest, du wünschest, daß
ich hier die Tage der Osterfreude mit dir verlebe. Auch ich
möchte dies gar sehr wünschen, gäbe es keinen Grund für
mich zu fürchten. Aber nothgedrungen muß ich jene fürchten,
die es sich gereuen lassen, mir das Leben damals geschenkt zu
haben, als ich auf Leben und Tod in ihre Hand gegeben
war. Alles ist mir verdächtig; alles ist mir furchterregend,
vollends im Gewühl der Menschen, wo desto schwieriger die
Gefahr gemieden wird, je leichter die Gelegenheit zum Frevel
ist. Darum bin ich aus der Mitte derer, die mich hassen,
weit hinweggezogen und habe mich in die Grenzgebiete deines
Reiches zurückgezogen, damit ich entweder in der Abgeschieden=
heit des Ortes ungefährdet wäre, oder wenn mein Loos mich
nöthigte, im Ausland Menschlichkeit zu suchen, ich um so hur=
tiger aus deinem Reich entweichen könnte. Ich flehe also, daß
du um deines Vaters willen das österliche Hoflager anderswo
haltest und mir gestattest, im Hause dessen, der aus Mensch=
lichkeit mich aufgenommen hat, wo ich nicht als Kaiser weilen
darf, doch mindestens als Gast weilen zu dürfen; damit nicht

mir zum Spott und dir zur Schande erzählt würde, daß ich 1106 am Fest der Auferstehung des Herrn genöthigt war, ein un= gewisses Obdach mir zu suchen.   Gewährst du, was ich bitte, so weiß ich dir dafür außerordentlichen Dank; andernfalls will ich lieber in fremden Ländern betteln gehn, als zum Gespötte dienen in Ländern, die einst mir gehörten."

Diese Botschaft des Vaters empfing der Sohn mit tauben Ohren.   Er ließ sich von seinem Vorhaben nicht abbringen. Deshalb wollte der Vater, als das Osterfest herannahte, sich entfernen.   Doch der Bischof und Herzog Heinrich[1], welcher ebenfalls vom Bischof eingeladen war, gaben die Entfernung nicht zu: sie könnten es nicht dulden, daß er an so hohem Festtage, verjagt aus den Wohnungen der Menschen, in Wäl= dern und in den Verstecken wilder Thiere seine Zuflucht suche:[2] das Reich zwar habe man ihm ohne sein Verschulden ge= nommen, aber nicht die Liebe seiner Freunde; würde man ihnen den Genuß des Friedens gönnen, so wollten sie selber nichts lieber als den Frieden, gäbe man aber dem Kriege den Vorzug, so werde es ihnen an Waffen nicht fehlen.   Der Kaiser erklärte, es sei besser daß er ziehe als daß er bleibe, damit er nicht die Veranlassung zum Unglück für sie werde. Da sie jedoch ungestümer in ihn drangen, so gab er endlich nach und blieb, wie sie es verlangten.

12.   Eine beträchtliche Reiterschaar war bereits, dem König März 22. weit voraus ziehend, an der Brücke des Maasflusses an= gelangt[3].   Der Sohn[4] des genannten Herzogs hatte das gegen= überliegende Ufer mit wenigen besetzt, die Hauptmasse seiner

---

[1] Von Niederlothringen.

[2] Ein Halbvers, der an Ovid und Virgil anklingt, wörtlich jedoch nicht zu finden ist. W.

[3] Bei Visé, zwischen Lüttich und Mastricht, etwa zwei deutsche Meilen nördlich von ersterer Stadt. J. Die Unrichtigkeit der folgenden Darstellung ist nachgewiesen von Buffon in den Mittheilungen des Instituts für österr. Gesch., IV, 544 ff. W.

[4] Walrabo.

1106 Bewaffneten aber nicht fern an gelegenen Orten in Hinterhalte vertheilt. Um einen Kampf herbeizuführen, sprengte er bald in gerader Linie daher, bald tummelte er sein Pferd in Kreisen hierhin und dorthin [1], und fragte, ob sie es wagten, mit ihm den Kampf zu gleichen Theilen aufzunehmen. Stracks ging eine ihnen gleiche Anzahl Königlicher hinüber; sie wurden handgemein und drangen wechselnd, bald vorwärts, bald rückwärts. Während dem ritt Einer nach dem Andern über die Brücke, vermehrte verstohlen die Menge der Gefährten, und verwandelte wider die Kampfbedingung die gleiche Anzahl in eine ungleiche. Der Sohn des Herzogs bemerkte es und wandte sich rückwärts mit den Seinigen, aber nicht zur Flucht sondern aus List; nicht um fliehend der Gefahr zu entgehen, sondern um die Verfolger in Gefahr zu verlocken. Als die auf dem andern Ufer das Zurückweichen erblickten, jagten sie eiligst über die Brücke, setzten den Weichenden nach, ohne zu ahnen, was ihnen bevorstand und welche Täuschung sich verbarg. Sobald sie den Ort erreicht hatten, wo der Hinterhalt aufgestellt war, stürzten die Verborgenen hervor und griffen die Verfolgenden mit allem Ungestüm an. Von der unverhofften Gefahr in Schrecken gesetzt, verloren sie, voll verwirrender Furcht, bald alle Zuversicht auf die Waffen [2] und warfen sich in die Flucht. Doch was nützte es, die Brust abzuwenden, und den Rücken den Wunden darzubieten? So wurden denn viele gefangen, viele verwundet, viele getödtet; und der blutige Sieger fand kein Maß des Gemetzels als im eignen Ueberdruß. An der Brücke aber, wo die flüchtige Schaar sich zusammendrängte, wüthete die feindliche Hand um so verderblicher, je weniger die gepreßte Masse sich bewegen konnte. Doch eine viel größere Anzahl, als das Schwert er-

---

[1] Anklingend an Ovids Metam. 2, 714 (Gundlach). W.
[2] Wörtlich wie in der Aeneide 2, 314 (Gundlach). W.

schlug, riß der Fluß mit sich fort; denn als die Gegner von 1106
hinten drängten, warfen sie sich aus Angst in den Strom, und
stürzten betäubt und fassungslos von einem Tode zu dem an=
dern. Noch ein anderer und sicher der größte Jammer war
es, zu sehen, wie die von der Masse überfüllte Brücke jäh=
lings zusammenbrach und der Strom Menschen und Pferde
zugleich umschlang[1]; keiner konnte sich retten, keinem nützte
seine Schwimmkunst, denn theils von der Last ihrer Waffen,
theils von der Hand der sich an sie Klammernden wurden sie
in die Tiefe gezogen. Dieß Blutbad war um so verwerflicher,
weil es am Charfreitag[2] stattfand; die Heiligkeit der Zeit
vermehrte die Größe des Frevels.

13. Hierauf wandte sich der König nach Köln, aber weil
auch diese Stadt ihm den Eintritt verwehrte, so beging er in
Bonn nur den Ostersonntag, kehrte ungesäumt nach Mainz März 25.
zurück, und beklagte sich durch Boten, die er nach allen Rich=
tungen entsandte, bei den Fürsten folgendermaßen: „Wenn ich
durch unbefugte Anmaßung das Reich an mich gebracht hätte,
so würde ich gleichwohl die Widersacher meiner Macht nach
Kräften demüthigen. Sollte nun aber, da ich bei Annahme
der Königswürde nur euren Beschlüssen nachgab, sich jemand
ungestraft erfrecht haben, zu öffentlicher Schmach das Reich
und mich kriegerisch anzufallen? Denn als ich auf dem Wege
nach Lüttich, wo mein osterliches Hoflager Statt haben sollte,
an die Maas gelangte, da hatten der Lütticher Bischof und
Herzog Heinrich, auf deren Treue und ergebene Dienste ich

---

[1]) Vgl. Aen. 12, 688 (Gundlach). W.
[2]) In ipsa die parasceuae d. h. am 23. März. Diese Angabe ist ungegründet,
denn sämmtliche anderen Quellen, die den Tag nennen, geben den Gründonnerstag,
den 22. März. So die Annales Brunwilar. (Mon. SS. I, 101), Hildeshem. (SS.
III, 110), Blandinienses (SS. V, 27), Ekkehard. (SS. VI, 235): coena domini;
— Sigebert. Gembl. (SS. VI, 371): quinta feria dominicae coenae; Rudolfi
gesta Trudon. (SS. X, 262): feria quinta, quae fuit coena domini; —
Chron. S. Huberti Andag. (SS. VIII, 629); feria quinta maioris hebdomadae.

1106 ſtark gezählt, mir einen Hinterhalt gelegt, und da haben ſie
meine argloſen und zum Kampf unvorbereiteten Leute ge=
ſchlagen, gefangen und verjagt. Das Unheil, welches da ge=
ſchehen iſt, verbietet die Scham ſowohl ausführlich zu be=
richten, wie ungeſühnt hingehen zu laſſen. Genöthigt alſo
durch das üble Ereigniß wie durch die Kürze der Zeit, wandte
ich mich nach Köln, und da dieſe Stadt mir hochmüthig die
Aufnahme verweigerte, ſo habe ich in Bonn den heiligen Oſter=
tag, ſo gut es ging, gefeiert. Welcher königlichen Perſon iſt
jemals ſolcher Schimpf angethan worden? Doch trifft dieſer
Schimpf nicht mich allein. Ihr ſeid verachtet worden; jene
Vermeſſenen wollen nicht eure Satzungen, nur ihre eigenen
Entſchlüſſe wollen ſie gelten laſſen; ſie wollen glauben machen,
daß der Schwerpunkt des Reiches in ihnen liege. Den König
den ihr eingeſetzt, wollen ſie entſetzen, ſo daß von euern Be=
ſtimmungen nichts ſtehen bleibe. Daher geht die mir zu=
gefügte Kränkung eher das Reich an als mich. Die De=
müthigung Eines Hauptes, und wäre es das erſte, iſt ein
Verluſt für das Reich, der erſetzbar iſt; aber die Mißachtung
der Fürſten iſt des Reiches Untergang. Sollen wir dies ohne
Sühne ertragen und ſoll in Folge unſerer unedlen Duldſam=
keit ihr Uebermuth noch mehr ſich aufblähen? Fern ſei es,
daß man uns nachſage, wir ſeien wie ungeehrt, ſo ungerochen.
Dieſe wenigen Worte genügen; denn nur träge Geiſter be=
dürfen des Stachels weitſchweifiger Ermahnung. Möge mehr
die Sache als meine Worte euch bewegen. Weil alſo gegen
ſo übermüthige Feinde des Reiches Gewalt in Anwendung
kommen muß, ſo kündige ich euch mit Bitte und Befehl einen
Feldzug an, und beſtimme zur Sammlung als Zeit den erſten Juli,
und als Ort Würzburg“.

Sowie nun dem Herzog Heinrich, den Kölnern und
Lüttichern zu Ohren kam, daß der König mit Heeresmacht

gegen sie ziehen wolle, so schafften sie Waffen herbei, sam= 1106
melten Truppen, befestigten die Städte und bereiteten sich mit
gleicher Lust wie Thätigkeit zum Widerstande. Auch den
Kaiser bestürmten sie mit Zureden und Bitten, er möge die
kaiserliche Würde wieder annehmen, die er aufgegeben habe,
nicht überführt vor Gericht, sondern durch Gewalt und Todes=
drohungen genöthigt; mit ihrer Macht und ihrem Muthe
wollten sie ihm zur Seite sein; viele Anhänger werde er binnen
kurzem haben, da viele eine so unerhörte und unmenschliche
Schandthat tief verabscheuten. Ihrem Andringen stellte er
folgende Gründe entgegen: Es sei unmöglich, das verlorene
Kaiserthum mit den Waffen wieder zu gewinnen, da er, als
er es besaß, nicht vermocht habe, es mit den Waffen zu be=
haupten; so hoch achte er dasselbe nicht, um es mit Vieler
Verderben zurück zu erkaufen; glücklicher und sicherer werde er
nach seiner, obwohl unverdienten, Entsetzung als Unterthan
leben. So stritten sie mit Gründen und Gegengründen; und
weil jene nicht müde wurden in ihn zu dringen, daß er die
Hingebung seiner Anhänger nicht von sich stoßen möge, so er=
klärte er weder seine volle Beistimmung noch Ablehnung, und
an die Zukunft denkend gewährte er ihrem ungestümen Sinn
nur eine ungewisse Hoffnung.

Vor allem befestigten sie[1] daher Köln, das den ersten An=
griff zu erwarten hatte, mit Wall und Thürmen, brachten
Kriegsgelder zusammen, legten eine Besatzung hinein und
blickten getrosten Muthes der Gefahr entgegen. Ebenso ver=
sahen sie auch die anderen Städte, die den Feind zu fürchten
hatten, mit Werken, Kriegsmaschinen und Truppen. Außerdem
wurde eine mit strengen Drohungen verbundene Aufforderung

---

[1] Für muniebat scheint der Zusammenhang muniebant zu fordern; obwohl es
sonst feststeht, daß der Kaiser selbst sich auf eine Zeit von Lüttich nach Köln begeben
und zur Befestigung der Stadt beigetragen hat. Jaffé, nach dessen Angaben muniebant
auch in der Handschrift steht.

1106 überall hin verbreitet, man solle gegen das mit großem Ueber=
muth nächstens heranziehende Heer sich in Bereitschaft setzen;
man solle Heimath, Freiheit und Leben vertheidigen und nicht
gestatten, daß die Frauen eine Beute der Entehrung und die
Ländereien ein Besitz fremder Herren würden.

Bald hatte der König mit großen Streitkräften den Rhein
Juli überschritten und warf sich zuerst mit großem Ungestüm auf
Köln, das als Haupt unter den anderen Städten hervorragte
indem er die Glieder um so leichter sich zu unterwerfen hoffte,
wenn erst ein so mächtiges Haupt niedergeworfen wäre. Aber
der Erfolg entsprach seiner Erwartung nicht; denn er ward
durch eine blutige Abwehr zurückgedrängt und genöthigt, mit
fernhin abgestecktem Lager die Einschließung der Stadt ins
Werk zu richten. Doch ich sollte vielmehr sagen, daß die Be=
lagerer von den Belagerten belagert wurden; denn die Rhein=
abwärts schwimmenden Schiffe, die dem Heere Zufuhr brachten,
wurden weggefangen, so daß dasselbe wie belagert von drücken=
dem Hunger zu leiden hatte.

Unterdessen strömte die kampffähige Mannschaft des ganzen
Landes zusammen um die Stadt zu entsetzen. Doch der
Kaiser, der ein so blutiges Zusammentreffen verabscheute, wider=
rieth angelegentlichst den Kampf: wozu sie solchen Eifer hegten,
die Belagerer zu verjagen, da dies ohne bedeutenden Verlust
auf ihrer eigenen Seite nicht thunlich sei; sie möchten alle Be=
sorgniß fahren lassen [1], daß die Stadt genommen werden könnte,
da sie in hohem Grade durch die Festigkeit ihrer Mauern und
die Tapferkeit ihrer Krieger gesichert sei, wie sie auch an jeg=
licher Nahrung Ueberfluß habe, womit sich noch die Gunst des
Rheines verbinde, der ihnen auf Schiffen alle Leckerbissen, die
sie nur möchten, herbeibrächte, dem Belagerer zum Trotz; sie

---

[1] Für tolleret ist zu lesen tollerent. J. Das ist in der zweiten Ausgabe ge=
ändert. W.

sollten es vielmehr zulassen, daß der Feind zum eigenen Scha= 1061
den tobe und gegen die uneinnehmbare Stadt einen Kampf
fortführe, aus dem er nur Wunden und Todte zurückbrächte;
sie sollten es zulassen, daß er die Landschaft ringsum ver=
wüste, bis wenn der Vorrat auf dem Lande aufgezehrt wor=
den, der Hunger über ihn käme; sie sollten ihn wüthen lassen,
bis von der Anstrengung Roß und Reiter entkräftet wären;
mit geringem Verlust werde der Sieg zu erringen sein, wenn
sie sich ein wenig gedulden und den gelegenen Augenblick er=
warten wollten.

Durch die Vorstellungen des Kaisers wurden sie vom
Kampf zurückgehalten, begnügten sich die feindlichen Streifkorps
zu überwachen, die der Oertlichkeit Unkundigen bald hier bald
da niederzuhauen[1], und jagtem dem Feinde hiermit einen solchen
Schrecken ein, daß er seine Streifzüge einstellte. Alles aber
traf ein, wie der Kaiser es vorhergesagt hatte. So oft die
Feinde es versuchten, durch die Thore zu bringen, die Mauer
mit dem Sturmbock zu durchbrechen, die Thürme mit schwerem
Geschütz zu zertrümmern, brachte er nach vergeblicher Bemühung
nur Wunden und Leichen ins Lager heim. Menschen und
Pferde wurden durch Nahrungsmangel und übermäßige An=
strengung erschöpft und kraftlos; denn als sie die Fluren ringsum
verheert hatten, fanden sie nichts mehr vor, und nach ent=
legeneren Gebieten wagten sie sich wegen des im Hinterhalt
lauernden Gegners nicht heraus. Zu diesen Uebeln kam noch
eine Krankheit, welche die bösen und die Luft verderbenden, in
Kriegslagern heimischen, Gerüche erzeugten, und die nicht nur
die Gemeinen, sondern auch die Fürsten theils aufs Lager
warf, theils tödtete.

Von solchem Mißgeschick heimgesucht, wurden sie unschlüssig,
was sie thun sollten; denn wollten sie den Tod suchen, so

---

[1] Nach Aen. 2, 384 (Gundlach). W.

1106 fanden sie keine Gelegenheit zum Kampfe, und wollten sie sich zum Rückzug bequemen, so stand zu befürchten, daß der Feind ihnen in den Rücken fallen und das ganze Heer auseinander sprengen würde. Indem sie von solchen Gemüthsstürmen bewegt wurden, da traf eine Nachricht ein, die unverhofft den Wolkenhimmel so großer Bedrängniß aufheiterte. Ihr Inhalt August 7. war, daß der Kaiser gestorben sei[1].

Erst stutzten sie bei dieser Kunde; doch als ein Bote eintraf, der des Vaters letzte Gabe, seinen Ring und sein Schwert, nebst mündlichem Auftrage dem Sohne überbrachte, da erhob sich ein solcher Freudenlärm, daß die Stimmen der Glückwünschenden kaum enden wollten.

Nicht minder groß aber war der Jammer bei dem Leichnam des Kaisers. Die Fürsten trauerten, das Volk wehklagte; allenthalben vernahm man Seufzen, allenthalben Weinen, allenthalben die Stimmen der Betrübten. Zur Bestattung strömten die Wittwen herbei, die Waisen und die Armen der ganzen Landschaft; da bejammerten sie den Verlust ihres Vaters, ließen ihre Thränen auf seinen Körper sich ergießen, und bedeckten seine gabenreichen Hände mit ihren Küssen. Mit Noth wurden sie von der Umarmung des entseelten Körpers gerissen, mit Noth konnte zur Bestattung geschritten werden. Doch selbst den Grabeshügel verließen sie nicht, da weilten sie mit Nachtwachen, Thränen und Gebeten, und erzählten mit unablässiger Klage, welche Werke des Erbarmens er an ihnen geübt hatte; obschon sein Tod nicht zu beklagen war, deswegen, weil ihm ein edles Leben vorangegangen[2], weil er den wahren Glauben, eine standhafte Zuversicht und ein Herz voll bitterer Reue in seinen letzten Augenblicken kundthat, weil er

---

[1]) Die Belagerung war schon vor dem Tode des Kaisers aufgehoben. W.

[2]) Hierzu stimmt wörtlich der Spruch bei Othloh: Mala mors putanda non est, quam bona vita praecessit, s. Gundlach S. 124. W.

die Scham unterdrückte, seine schamwürdigen Vergehen laut zu 1106 bekennen, und weil er mit ganzer Seelenhingebung den Leib des Herrn empfing.

Glückselig bist Du, Kaiser Heinrich, der Du solche Hüter, solche Vermittler Dir erworben, der Du nun vielfältig aus Gottes Hand wiederempfängst, was Du in die Hände der Armen heimlich gelegt hast. Ein Reich der Unruhe vertauschtest Du mit dem des Friedens, das endliche mit dem ewigen, das irdische mit dem himmlischen. Jetzt erst herrschest Du, jetzt trägst Du ein Diadem, das Dein Erbe Dir nicht entreißen, Dein Widersacher nicht neiden soll. Nun sollen sich die Thränen stillen, wenn sie gestillt werden könnten; denn Deiner Glückseligkeit gebührt Freude und keine Trauer, Jubel und keine Klage, die Stimmen der Frohlockenden, nicht die der Betrübten.

Nach dieser Wendung der Dinge, als die Hoffnung derer, die wider die königliche Majestät den Krieg unternommen hatten, gestorben war, sank ihr Muth und ihre Kraft dahin und sie thaten, was in so mißlicher Lage geboten war; Jeder eilte durch Unterwerfung, Strafzahlungen und durch jegliches Mittel des Königs Verzeihung zu gewinnen.

So nimm denn hin diese Schilderung der Thaten, der Mildthätigkeit, des Geschickes und des Endes Kaiser Heinrichs; und wie sie von mir ohne Thränen nicht geschrieben werden konnte, so wirst du sie nicht lesen können ohne Thränen.

Register.